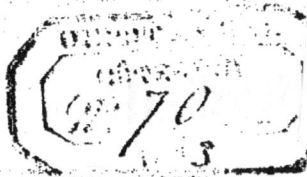

LES CORRESPONDANTS DE PEIRESC

V

CLAUDE DE SAUMAISE

LETTRES INÉDITES

Ecrites de Dijon, de Paris et de Leyde, à Peiresc

(1620-1637)

PUBLIÉES

AVEC AVERTISSEMENT, NOTES ET APPENDICE

PAR

Philippe TAMIZEY DE LARROQUE,

Correspondant de l'Institut.

DIJON

IMPRIMERIE DARANTIERE

65, RUE CHABOT-CHARNY, 65

1882

LES CORRESPONDANTS DE PEIRESC

V

CLAUDE DE SAUMAISE

LETTRES INÉDITES

Ecrites de Dijon, de Paris et de Leyde, à Peiresc

(1620-1637)

PUBLIÉES

AVEC AVERTISSEMENT, NOTES ET APPENDICE

PAR

Philippe TAMIZEY DE LARROQUE,

Correspondant de l'Institut.

DIJON

IMPRIMERIE DARANTIERE

65, RUE CHABOT-CHARNY, 65

—

1882

LES CORRESPONDANTS DE PEIRESC

V

CLAUDE DE SAUMAISE

(Extrait des Mémoires de l'Académie de Dijon).

LES CORRESPONDANTS DE PEIRESC

V

CLAUDE DE SAUMAISE

AVERTISSEMENT

Si l'on connaît un nombre assez considérable de lettres imprimées ou inédites de Claude de Saumaise, on ne possède qu'un fort petit nombre de celles que le grand érudit de la Bourgogne écrivit au grand érudit de la Provence. Le recueil d'Antoine Clément (1) ne renferme que cinq lettres adressées à Peiresc (2); après de longues recherches, j'en ai seulement retrouvé quinze autres qui n'avaient pas encore vu le jour. Ces quinze documents proviennent tous du département des manuscrits de la Bibliothèque nationale. Par une étrange fatalité, il n'existe pas d'autres lettres de Saumaise

---

(1) *Claudii Salmasii viri maximi epistolarum liber primus. Accedunt de laudibus et vita ejusdem prolegomena accurante Antonio Clementio* (Leyde, 1656, in-4°).

(2) F° 73, de Grigny, le 7 novembre 1631 ; f° 98, de Leyde, le 10 juin 1634 ; f° 106, sans date ; f° 162, de Leyde, le 1er juin 1635 ; f° 179, de Paris, le 15 octobre 1635. Papillon (*Bibliothèque des auteurs de Bourgogne,* tome II p. 274) a rappelé que le président de Mazaugues conservait 45 lettres originales de Saumaise à Peiresc. Le nombre de ces lettres aurait été de 155, s'il fallait en croire un inventaire qui porte le n° 374 dans le catalogue des manuscrits de la bibliothèque de Troyes (*Catalogue général des manuscrits des bibliothèques publiques des départements,* t. II, p. 170-171).

1

à Peiresc dans les deux riches dépôts où l'on aurait pu s'attendre à faire la plus abondante moisson de lettres nouvelles, dans la bibliothèque Méjanes, à Aix, et dans la bibliothèque d'Inguimbert, à Carpentras (1). Combien pourtant celui qui fut un des plus féconds, comme un des plus illustres, de tous les correspondants du *procureur général de la littérature*, a dû lui donner de témoignages de son activité épistolaire (2)! S'imagine-t-on tout ce que représente de lettres perdues, l'immense lacune qui règne entre le 2 février 1620, date du premier des documents inédits que l'on va lire, et le 22 janvier 1633, date du second de ces mêmes documents?

L'extrême rareté des lettres de Saumaise à Peiresc donne déjà un prix tout particulier au petit recueil que j'ai formé, mais ce qui le rend surtout digne de l'attention des doctes lecteurs, c'est l'érudition singulière que l'éminent critique se plaît à y étaler (3). On dirait que s'adressant à un juge dont

---

(1) Par une autre non moins déplorable fatalité, 34 des lettres de Peiresc à Saumaise ont disparu du registre VI des minutes de la bibliothèque d'Inguimbert. Il ne reste plus en ce volume si cruellement mutilé que 17 lettres adressées à Saumaise.

(2) Les relations entre Peiresc et Saumaise paraissent avoir commencé vers 1619. Voir *Viri illustris Nicolai Claudii Fabricii de Peiresc, senator. Aquisextiensis vita, per Petrum Gassendum* (La Haye, 1651, p. 252). Gassendi, en cette page, appelle Saumaise *humanioris litteraturæ decus eximium*. En 1619, Peiresc (né le 1er décembre 1580) avait 38 ans, et Saumaise (né le 15 avril 1588) en avait 30. On sait que ce dernier survécut 15 ans à Peiresc. Remarquons, au sujet de la date de la mort de Saumaise, que, dans la *Nouvelle Biographie générale*, on a par une faute d'impression substitué l'année 1658 à l'année 1653, et que cette faute a été copiée dans d'autres recueils biographiques.

(3) C'est ici l'occasion de citer ce passage du *Menagiana* (édition

il appréciait tant l'incomparable austérité, à un juge auquel il parlait ainsi : « Il faut avouer que vous dominez sur tous les autres hommes du monde en cette étude de l'antiquité (1) ; » Saumaise a voulu se surpasser. C'est avec une sorte de coquetterie qu'il déploie devant Peiresc toutes les ressources, tout le luxe de son prodigieux savoir. Quelques-unes des lettres écrites au grand antiquaire provençal sont de véritables dissertations, et il ne faut pas s'étonner de l'étendue que prennent parfois ces dissertations sous l'agile plume qui enfantait si facilement un formidable in-quarto (2). Les sujets traités par Saumaise, dans sa correspondance avec Peiresc, sont généralement bien ardus, et l'écrivain n'est pas de ceux qui cherchent à cacher l'aridité du fond sous les élégances et les charmes de la

---

de 1715, tome I, p. 3) relatif aux lettres de la collection Peiresc : « Parmi celles qui ont péri je regrette principalement les latines et les françaises de M. Saumaise, lesquelles, à en juger par le petit nombre de celles que Clémentius nous donna en 1656, devaient être remplies d'une grande érudition. » Les regrets de Ménage auraient été quelque peu adoucis s'il avait eu connaissance des quinze lettres qui ont survécu à la destruction dont il parle avec tant de mélancolie.

(1) Lettre du 1er juin 1635 que l'on trouvera plus loin. Voir, de plus, le bel et touchant éloge fait de Peiresc par Saumaise dans une lettre aux frères Du Puy, dont les principaux passages ont été reproduits par Gassendi (p. 587-588). Voir encore ce que Saumaise a écrit en l'honneur de Peiresc dans sa préface *In tabulam Cebetis Arabicam* réimprimée à la suite de l'ouvrage de Gassendi, p. 56-58 de l'appendice. Saumaise dit là : « *quem virum vel nominare, laudare est.* »

(2) Gabriel Naudé, dans le *Mascurat*, plaisante (p. 227) sur la fécondité de Saumaise, « duquel nous voyons tous les mois quelques gros livres. » Conférez les observations de Guez de Balzac (*Mélanges historiques* de la *Collection des documents inédits*, 1873, p. 415, note 5).

forme. Si on veut le suivre en ses excursions philologiques et archéologiques, on doit se résigner à
marcher par des chemins qui ne sont pas semés de
fleurs. Mais, à défaut de pages attrayantes, combien
trouverons-nous, dans les lettres qui vont suivre, de
pages instructives, remarquables, et qui nous font
comprendre toute l'admiration que leur auteur
inspirait à ses contemporains !

J'ai réuni, dans l'appendice (n° 1), quelques
pièces d'un tout autre caractère adressées à Jacques
Du Puy, qui fut au nombre des meilleurs amis de
Saumaise (1). En ces épitres familières écrites au
courant de la plume, les sujets les plus divers sont
effleurés. Il y est question du prince d'Orange et
du prince de Condé, de l'abbé de Saint-Cyran et
du P. Sirmond, du chancelier Oxenstiern et du
baron de Charnacé, de Descartes et de Grotius,
d'Horace et de Ronsard, de la guerre en Hollande et
de la guerre en Bourgogne, d'une mascarade à
Cîteaux et d'une orgie à la Haye, etc. Tout à l'heure
c'était l'érudit qui dissertait, armé de toutes pièces ;
maintenant c'est l'homme d'esprit qui cause et qui
raconte. Parmi les lettres du correspondant du
prieur de Saint-Sauveur, on remarquera celles où
il retrace avec une verve si pittoresque ses aven-
tures de voyage, et aussi celles où il s'étend avec

---

(1) Le recueil de Clément renferme une douzaine de lettres au
frère ainé de Jacques Du Puy, « à M. Du Puy, advocat au parlement à
Paris, » les unes sans date (fos 1, 2, 23, 26, 27), les antres du 8 décembre 1614 (fo 3), du 24 mars 1618 (fo 5), du 8 juillet 1618 (fo 8), du
9 août 1618 (fo 9), du 13 juillet 1628 (fo 29), du 10 décembre 1633
(fo 92).

une si plaisante malice sur ses querelles avec Daniel Heinsius. Si les lettres à Peiresc, pour la plupart hérissées de citations grecques et latines, semblent ne devoir être goûtées que par des initiés, en revanche, les lettres à Jacques Du Puy, qui peuvent en grande partie être considérées comme des fragments d'une attachante auto-biographie, plairont aux plus profanes lecteurs.

Puisse l'humble recueil que j'offre au public inspirer à quelque vaillant chercheur, le désir de mettre en lumière un complet recueil des lettres inédites de celui que tout le XVIIe siècle proclamait le roi de l'érudition (1) ! On en trouverait beaucoup à l'étranger, notamment à la bibliothèque de l'université de Leyde, mais on en trouverait plus encore dans les collections de la Bibliothèque nationale. Si, en tête de ce recueil, était placée la curieuse biographie inédite de l'auteur des *Plinianæ exercitationes*, rédigée par son compatriote Philibert de la Mare, document dont la publication a tant de fois été réclamée depuis plus de deux cents ans (2), on comblerait les vœux de tous les amis

---

(1) C'est ce que redit Chapelain, le 28 novembre 1660, dans une lettre encore inédite « A. M. de Saumaise, le fils, » lettre qui portera le n° LXI dans le t. II (sous presse) du recueil de la correspondance de cet académicien : « Et qui eust peu mieux manier à fouds cette matière (de la milice romaine) que lui, estant rempli d'une érudition si immense et si profonde qui l'a fait avouer par ses envieux mesme pour le plus docte de son temps.»

(2) Ce document est conservé à la Bibliothèque nationale, fonds de Bouhier, n° 85. Voir le *Cabinet des manuscrits* par M. Léopold Delisle, t. I, p. 363, note 4. Ce savant critique cite sur la vie de Saumaise (*Claudii Salmasii, eruditorum principis, vita*) la *Bibliothèque historique de la France* (t. IV, p. 168, n° 47213). A mon tour, je cite-

de Saumaise. Il m'est doux d'espérer que, dans cette patriotique et savante province de Bourgogne si fidèle au culte de ses vieilles gloires, mon appel ne restera pas sans écho (1).

Philippe Tamizey de Larroque.

Gontaud, 3 novembre 1881.

---

rai sur cette vie de curieuses pages de Michault (*Mélanges historiques et philologiques*, Paris, 1754, t. II, p. 313-328). Je dois aussi rappeler que Chardon de la Rochette avait eu le projet d'écrire une biographie de Saumaise. Voici ses propres paroles (*Mélanges de critique et de philologie*, in-8°, t. III, p. 308) : « Je rassemble depuis longtemps tous les matériaux nécessaires pour donner une *Vie de Saumaise*; j'en possède déjà le plus grand nombre et les plus précieux, mais il me manque encore quelques articles importants. »

(1) Je tiens à dire ici qu'un habile helléniste, M. Alfred Jacob, chargé de conférences à l'Ecole des Hautes-Etudes, a bien voulu s'occuper de la révision de tout le grec que Saumaise a prodigué dans ses lettres à Peiresc. Je remercie cordialement mon jeune collaborateur. J'ai eu le bonheur d'avoir un autre collaborateur, mon cher confrère et ami M. Léopold Delisle, qui m'a fourni une bien précieuse note (Appendice, n° II) sur l'histoire des papyrus mentionnés dans une des lettres de Saumaise à Du Puy. Ma reconnaissance pour l'auteur d'une note si neuve et si importante sera certainement partagée par tous ceux qui la liront.

I

MONSIEUR,

Vous m'avés fait un extresme plaisir en m'envoiant les suburbicaires du sieur Aleander (1), et vous en ai une obligation extresme. Je vous en remercie donc tant qu'il m'est possible, et vous prie croire que rien ne me peut venir de vostre part, qui ne me soit infiniment agréable, et que d'ailleurs j'ai tousjours fait estime des hommes, suivant le mérite qu'ils ont, sans que j'aye coustume d'en rabattre, quand ils se trouvent d'un advis contraire au mien (2). Je scai trop bien qu'en ma-

---

(1) Celui que Saumaise appelle le *sieur Aléandre* était Jérôme Aléandre, petit neveu du cardinal du même nom. Ce fut à la fois un poète et un antiquaire. Il naquit en 1574 et mourut en 1629. Il fut pendant vingt ans secrétaire du cardinal Bandini, puis il remplit les mêmes fonctions auprès du cardinal Barberini. Voir sur cet intime ami de Peiresc, l'ouvrage de Gassendi (édition déjà citée, p. 241, 367). Si l'on veut plus de détails, on les trouvera dans les articles de Bayle (*Dictionnaire critique*) et de Ginguené (*Biographie universelle*). Sur la part prise par Aléandre et par Saumaise à la discussion relative à la question des églises suburbicaires, voir l'édition déjà citée de la vie de Peiresc par Gassendi (p. 262-263). Aléandre, au nom des ultramontains, combattait à côté du P. Sirmond, et Saumaise, au nom des protestants, à côté de Jacques Godefroy, qui en 1618, avait donné le signal des hostilités. Peiresc, au dire de son exact biographe, fit tout ce qu'il pût pour que la discussion entre les amis qu'il avait dans les deux camps, ne dégénérât pas en dispute. Les principales indications bibliographiques sur le *de suburbicariis regionibus et ecclesiis* ont été réunies dans la *Bibliothèque des écrivains de la Compagnie de Jésus*, par les P. P. de Backer et Sommervogel (article *Sirmond*, t. III, in-f°, colonne 805). La dissertation d'Aléandre (*Hieronymi Aleandri junioris refutatio conjecturæ anonymi scriptoris de suburbicariis regionibus, et diœcesi episcopi romani*) parut à Paris, par les soins de Peiresc (1619, in-4°).

(2) On peut rapprocher de cette déclaration ce passage de l'article de M. Achille Guillard (*Nouvelle biographie générale*, t. XLIII, co-

tière de lettres et de livres, il est libre à chacun
d'en croire et d'en escrire ce qui lui plaist, pourveu
que la modestie tienne son rang et qu'en la défense
de nos opinions nous nous gardions d'offenser la
réputation d'aultrui. Plusieurs pechent aujourd'hui
en ceste façon, et possible que moi-mesme ne suis
pas du tout exempt de ce vice (1).

J'ai donc leu le livre qu'il vous a pleu m'envoyer
avec beaucoup d'attention et non moins de contentement : aussi l'avoi-je attendu avec beaucoup
d'impatience. Je cognoissoi desja l'autheur par sa
renommée, et le jugeois homme de grand scavoir
et de bon jugement par la lecture que j'avoi fait
de quelqu'un de ses escrits. Ce que j'ai encor mieux
recogneu par ce dernier. Mais ce qui me donne
plus de subject d'en faire estat est le tesmoignage
que vous rendés de sa grande ingenuité, vertu
tant plus recommendable qu'elle paroist rarement
dans les esprits et dans les escrits du siècle : Car il
ne se trouve que prou de science, mais peu de
candeur parmi les hommes d'aujourd'hui. Ce qui

---

lonne 362) : « S'il partageait amplement l'humeur batailleuse des
savants de son temps, il était en revanche plus exempt qu'on ne croit
généralement de leur obstination et de leur présomption. *Quant à
ce qui est de mes opinions*, écrit-il à Dupuy, *elles ne me tiennent jamais. Je leur fais prou l'amour à toutes et n'en épouse pas une ; tellement qu'il m'est toujours libre de m'en séparer quand je veux et je veux
toutes et quantes fois que je trouve un meilleur parti ailleurs.* »

(1) On aime à voir Saumaise s'accuser avec tant de franchise d'un
vice qui lui a été si durement reproché. Le biographe que je viens
de citer a rappelé un autre aveu de son héros, et il lui a donné en
ces termes la plus complète absolution : « En effet les injures qu'il prodigue à ses adversaires ne sont que l'effusion naturelle de son amour
extrême pour ce qu'il croyait être la vérité. »

fait que je reputerai à grand honneur et à plus grand bonheur d'avoir la cognoissance d'un tel personnage, et le bien de conférer avec lui par lettres. Si je le désire obtenir par vostre moyen je l'espère aussi, veu la grande facilité et courtoisie que vous avés jusques ici monstrées en mon endroit.

Quant à une response au livre de Mons' Aleandro, je ne scai si son anonyme s'y résoudra (1), ou bien s'il s'en tiendra à celle qu'il a ja fait à la censure de Syrmond (2), estimant que ceste response puisse servir aux escrits de tous les deux, puisque tous deux se treuvent quasi d'une mesme opinion. Pour moi je vous dirai franchement que je le lairrai faire sans m'en plus mesler, ny estre de la partie, si ce n'est que je me voie attaqué et pris en mon propre et privé nom. Alors je ferai ce que tout le monde fait en telle occurrence, je me défendrai (3). Mais pour vous dire librement et ingénûment, le sentiment que j'ai de toute ceste belle question, je m'estonne grandement que deux grands personnages comme Sirmond et Aleandro, se soient si fort esmeus et travaillés à combattre une conjoncture qui ne

---

(1) Jacques Godefroy avait publié sous le voile de l'anonyme son *De suburbicariis regionibus et ecclesiis... conjectura* (Francfort, in-4°).Il garda le silence devant la réfutation d'Aléandre.

(2) *Vindiciæ pro conjectura adversus censuram Jacobi Sirmondi* (Genève, 1619).

(3) Saumaise ayant été combattu par le P. Sirmond dans un traité spécial (*Adventoria causidico Divionensi Adversus Amici ad Amicum Epistolam, de suburbicariis regionibus* etc., Paris, 1620, in-8°), répliqua par un livre anonyme intitulé : *Eucharisticon Jacobo Sirmondo pro adventoria de regionibus et ecclesiis suburbicariis*, etc. Paris, 1621, in-4°. Le P. Sirmond riposta, l'année suivante, par le *Propempticum Cl. Salmasio*, etc. (Paris, in-8°).

déroge rien du tout à l'autorité du Sainct-Siège
pourveu qu'elle soit bien prise et d'un bon biais.
Car, quel péril, je vous prie, à concéder et confes-
ser que le spécial diocèse du S[aint] P[ère] soit
renfermé dans les régions suburbicaires ; quel préjudice peut faire cela à son diocèse universel ? Tout
l'Occident n'est pas le spécial diocèse du pape,
mais une partie de l'universel, comme l'Orient
l'aultre, les deux faisants le tout. Son droict est
recogneu en l'une de ces parties et controversé en
l'aultre. Quand Innocent troisiesme confine la province de l'Evesque de Rome *inter Capuanam et
Pisanam*, ne confirme-t-il pas apertement la conjecture de l'Anonyme ? Les interprètes canonistes
là-dessus ne sont-ils pas touts d'accord que soubs
le nom de province spéciale Innocent avoi* entendu
le Diocèse Patriarchal du Pape a différence et distinction de l'œcuménique et universel qui s'estend
par tout le monde ? Cependant Innocent et ses interprètes furent-ils jamais tenus pour hérétiques
ou sectaires ? Il s'en fault bien. Je ne scai ce qu'on
pourroit respondre à cela. Le seigneur Aleandro
donne les mains pour les régions suburbicaires, et
confesse que les régions *intra centesimum* sont
ainsi appellées, mais pour les Ecclises suburbicaires
dans la version de Ruffin : ne veut pas accorder le
mesme, ains dit que Ruffin, comme il estoit extravagant et obscur en son stile, et inventeur de mots
nouveaus, il a pris les Ecclises suburb[icaires] non
pour celles qui sont dans les régions suburb[icaires],
mais pour toutes celles qui sont *sub urbico papa* et
veuillent par ce moyen que tout l'Occident en

soit. Car c'est aussi l'opinion du P. Sirmond.

Laissons le Ruffin ; ce vieil interprète de la bibliothèque vaticane, rapporté par le d[it] Sirmond en tournant le mesme canon sixiesme du concile de Nice (*sic*), n'use-t-il pas de ces mots : *ut suburbicaria loca et omnem provinciam suam sollicitudine gubernet*. Dirons-nous qu'il a forgé ce mot comme Ruffin et qu'il lui a donné la mesme trempe et le mesme sens ? Il ne nomme pas comme lui *suburbicarias ecclesias*, mais *suburbicaria loca*. Et qui ne voit que *suburbicaria loca, suburbicariæ regiones, suburbicariæ partes, suburbicariæ provinciæ* sont synonymes et par conséquent aussi *suburbicariæ ecclesiæ* où il est question du diocèse spécial du S[aint] P[ère] ? Excusez-moi si je vous en di si librement mon 'advis. Je l'escrirois aussi simplement au sieur Aleander, si j'avoi l'honneur de conférer avec lui, car il me semble qu'il ny a que deux mots pour décider ceste question et quelle ne fait nullement contre l'auctorité du Saint-Siège apostolique en la prenant comme je fai, et comme il le fault prendre.

Au reste, vous m'avez infiniment obligé en me faisant avoir la cognoissance de Monsr Trestan (1), qui s'est voulu charger de la présente. Je suis marri

---

(1) Serait-ce le numismate Tristan, sieur de Saint-Amant, né à Paris vers 1595, mort en cette ville en 1656? C'était un des grands amis de Peiresc, lequel, à l'époque où nous place cette lettre, séjournait à Paris. Si, comme on peut le croire, il s'agit là du numismate, rappelons qu'il fut comme Saumaise, un des plus vifs adversaires du P. Sirmond. Voir *Moréri* (article *Tristan*, t. X, 1759, p. 349) et la *Bibliothèque des écrivains de la Compagnie de Jésus*, article déjà cité, colonne 807.

qu'à cause du peu de séjour qu'il a fait en ceste
ville, je n'ai pas eu le moien de le voir plus particulièrement et lui tesmoigner le service et l'affection que je doibs à ceux de son mérite. C'est,

Monsieur,

Vostre très humble serviteur,

CL. SAUMAISE.

A Dijon, ce 2 feb. 1620 (1).

II

MONSIEUR,

Estant encore en France, j'ai veu plusieurs de
vos lettres addressantes à M. du Puy touchant beaucoup de belles et rares curiosités et recherches fort
exactes sur divers sujets (2), et principalement sur
les mesures anciennes (3), qui m'ont été communi-
quées en un tems, auquel je ne pouvois penser à
rien moins, qu'à telles gentillesses, à cause d'une

---

(1) Fonds français, vol. 9544, f° 6, autographe. Toutes les lettres
suivantes sont malheureusement prises sur des copies.

(2) Je suis heureux d'annoncer que les lettres aux frères du Puy
qui nous ont toutes été conservées, et qui sont du plus haut intérêt,
paraîtront dans la collection des documents inédits sur l'histoire de
France.

(3) Peiresc s'était tout particulièrement occupé de l'étude des
poids et des mesures des anciens. Sa correspondance avec divers savants est remplie de détails sur ses recherches à cet égard. On trouve
dans la collection de ses manuscrits, à la bibliothèque d'Inguimbert, plusieurs extraits de ce que nous ont laissé sur ce sujet les auteurs de l'antiquité. Voir notamment le tome V de cette collection,
qui, comme le rappelle M. Lambert (*Catalogue descriptif et raisonné
des manuscrits de la bibliothèque de Carpentras*, t. II, p. 23) a été
consulté par l'abbé Barthélemy quand il a voulu dresser les tableau x
qui terminent son *Anacharsis*.

grande et longue maladie, qui m'exerçoit pour lors,
et m'a tenu près de trois semaines entières ; et
comme j'ai commencé à revenir à la guérison, il
m'a falu prendre le chemin de ce pays ici, ayant
esté prié et pressé par ces M^{rs} qui m'appelloient,
de m'y acheminer avant l'hyver tellement qu'il m'a
esté impossible de vous donner plustôt le contentement que vous désirés de moi pour la solution des
demandes, qu'il vous a plu me faire par les lettres
que vous aviés escrites à M. du Puy. Or, estant
arrivé en cette ville avant que j'aye esté bien establi
et que mes livres et mes papiers aient pu estre mis
en ordre, il s'est escoulé encore beaucoup de
temps, outre celui qu'il m'a falu donner aux visites
fréquentes de ceux qui me venoient bienveigner (1)
ou aux responses de ceux qui m'escrivoient de divers
endroits pour le mesme subjet. Je n'estois pas encore en repos de toute cette fatigue, comme les
vostres m'ont esté rendues pleines des mesmes
remarques et doubtes, que vous faisiés sur les mesures anciennes, dans celles adressées à M. du
Puy, mais bien plus circonstanciées et particulari-
sées (2), et laissant toutes choses à part, je me suis
mis aussitost en devoir de respondre aux unes et
aux autres, et vous dire ce que j'en ai pû appren-

---

(1) On a reconnu le vieux mot si souvent employé par Michel de
Montaigne. *Bienveigner*, c'était souhaiter la *bienvenue*.

(2) Notons que, pour l'emploi du mot *circonstancié*, M. Littré
dans son *Dictionnaire de la langue française*, ne cite aucun écrivain
antérieur à Bossuet, et que pour l'emploi du mot *particularisé*, il ne
cite aucun écrivain antérieur au cardinal de Retz rédigeant ses *mémoires*.

dre, ou plutost ce que j'en ai retenu depuis le temps, que j'ai laissé toute cette sorte d'étude.

Je commencerai par les vers de Fannius (1), où vous jugés qu'il y a de la faute. Et certes, ils ne sont pas bien corrects, comme ils se lisent aujourd'hui en cette façon : *At Mystrum Cyathi quarta est, ac tertia Mystri, quam vocant Cyanen capit hæc cochlearia bina.* Ce mot de *Cyane* y est sans doute corrompu. Je n'ai point veu d'escrits à la main dudit Fannius ; mais il semble par une conjecture assez vraisemblable, qu'il y faut lire ainsi : *quam vocitant, chemen.* C'est le χήμη des Grecs (2). La corruption a été facile, veu l'escriture ancienne, mais mauvaise de ce mot par les libraires latins qui escrivoient *Cymen, vel cimen*, comme ils escrivent *chimia* qui est appellée par les grecs anciens χήμεια et χημευτική. J'ai trouvé cette diction escrite de la sorte dans les anciens livres grecs.

Pour revenir à nostre *cheme* ou *chema*, laquelle Fannius fait de la contenance de deux ceuillières, cela revient à la mesure ou au poids que lui baille tant le grec que le latin de Marcellus (3), ἡ χήμη ἄγει

---

(1) Fannius Quadratus est le poète dont Horace s'est tant moqué (Satires 7 et 10 du livre I). Les vers qui nous restent de lui ont été recueillis par Weichert (*Poetarum latinorum reliquiæ*).

(2) On trouve dans le *Dictionnaire des antiquités grecques et romaines* (7ᵐᵉ fascicule, 1880, p. 1102) cette définition du mot *Chémé* par M. Edm. Saglio, le directeur de cette belle publication : « mesure pour les liquides pris en très petite quantité, dans les systèmes attique et romain. Sa capacité est évaluée différemment par les auteurs. Pour Dioscoride c'est le quart du *Cyathus* ; pour Priscien, le quart du *Cyathus* est un *mystrum*, dont la *Chémé* est le tiers. »

(3) Marcellus Empiricus est l'auteur de l'ouvrage pharmaceutique si précieux pour les philologues intitulé : *De Medicamentis*, ouvrage

ὁλκὴν μίαν: *Chema pendet drachmam unam* et au latin : *Chema habet sicut Drachma scrupula tria.* Ils font tous la ceuillère du poids d'une demie drachme, tellement que le *cheme* a deux ceuillières, c'est-à-dire deux demis drachmes, ou une drachme entière ; ce qui est aussi confirmé par un vieux autheur sans nom, qui est imprimé avec les agrimenseurs en ces mots : *Cochlearia duo chemam faciunt;* sont six ceuillières pour le Mystron ; et par ainsi la Cheme estant mesurée par deux ceuillières sera la troisiesme partie du *Mystrum.* C'est ce que dit Fannius : *ac tertia Mystri, quam vocitant chemen,* confirmé par ce mesme auteur incertain: *Cochlearia tria conchulam faciunt, conchulæ duæ Cignum sive Mystrum.* Les bien anciens ne connaissent point cette sorte de mesure nommée *cheme.* J'ai le chapitre d'Africanus (1), περὶ Σταθμῶν, καὶ Μέτρων tiré de ses livres, περὶ Κεστῶν où il dit que le Κοχλιάριον est la moitié du Mystron : Κύαθος δὲ ποιεῖ μύστρα τέτταρα, ἃ δὴ λίστρα τινὲς ἐκάλεσαν, κοχλιάριον δέ ἐστι μύστρον τὸ ἥμισυ. Par ainsi le Mystrum des anciens sera le *chema* des modernes,

---

en tête duquel il a marqué les poids et mesures dont se servaient les médecins de son temps. Voir sur cet écrivain bordelais du IVᵉ siècle de l'ère chrétienne, la notice de Dom Rivet (*Histoire littéraire de la France,* t. II, p. 48-53). M. le docteur Daremberg est mort sans nous avoir donné le travail spécial qu'il nous avait promis sur celui que Suidas appelait un *monde de toutes sortes de vertus.*

(1) Julius Africanus, né à Emmaüs vers le milieu du second siècle de l'ère chrétienne, le célèbre auteur de la *Chronographie,* avait aussi composé un ouvrage en vingt-quatre livres, intitulé *Cestes* (Κεστοί), sorte d'encyclopédie où il traitait de l'agriculture, de l'art militaire, de la médecine, de la physique, etc., et dont il ne subsiste que quelques fragments publiés par Thevenot (*Mathematici Veteres*).

et toutefois il ne fait le Cyathus, que de quatre, tels *Mystra.* Κύαθος δὲ ποιῖ μύστρα τέτταρα. De mesme Fannius : *At Mystrum cyathi quarta est.* Ce *Mystrum* de Fannius à six ceuillères, et celui d'Africanus à ce compte n'en aura que deux, et le *cyathus* de Fannius doit peser douze drachmes, celui de Julius Africanus (si sa ceuillière ne pèse que demie drachme) n'aura le poids que de huit drachmes, et la contenance de seize ceuillières, ou Fannius lui donne vingt et quatre ceuillières. Car si son *Mystrum* a six ceuillières, son Cyathus en doit avoir 24.

Dans l'une de vos lettres escrites à M. du Puy vous estimés que j'aurai peu observer quelque mention de vase de la contenance de 24 ceuillières. Vous voyés que le *Cyathus* de Fannius en contient autant. Cet auteur incertain, qui est à la fin des agrimenseurs, qui s'est en toutes les autres mesures assez bien accordé avec notre Fannius, le trouve discordant en celle du *Cyathus,* auquel il ne baille que la mesure de vingt ceuillières, c'est-à-dire le poids de dix drachmes : *Conchulæ, inquit, sex, et duo cochlearia quæ decem Drachmas appendent, cyathum faciunt;* et a fait l'Acetabulum (1) de XXIV ceuillières qui est la mesure que vous demandiés. Si vous ajoutés, dit-il, à ces dix drachmes, qui font le *Cyathus,* encore deux autres drachmes, vous feriés l'*Acetabulum* : *additis duabus drachmis*

---

(1) Voir l'article *Acetabulum* par M. E. Saglio dans le *Dictionnaire des antiquités grecques et romaines* (1er fascicule, p. 1074, p. 23). Ce savant cite sur la mesure de capacité de ce nom Pline, Isidore et Priscien. On voit que la lettre de Saumaise lui aurait permis d'indiquer témoignages.

Acetabulum complent. Voilà 24 ceuillières. Africanus en donne autant à son ὀξύβαφον, qui est l'Acetabulum des latins : τὸ δὲ ὀξύβαφον, *inquit*, εἰς κυάθους μερίζεται τρεῖς. Son *cyathus* n'a que quatre *mystra*, et son *mystrum* que deux ceuillières, comme j'ai marqué cy devant. Tellement que son *cyathus* par cette proportion ne doit avoir que huit ceuillières, et son ὀξύβαφον, qui est de trois *cyathus*, aura par cette mesme raison 24 ceuillières.

Mais encore que l'ὀξύβαφον des Grecs soit le mesme que l'*Acetabulum* des latins, néantmoins les autheurs latins, qui ont escrit des mesures, ne laissent pas de distinguer entre *oxybaphum* et *acetabulum*. Ce mesme autheur ancien qui fait l'*acetabulum* de 24 ceuillières, en ajoute encore six pour faire l'*oxybaphum*, c'est-à-dire trois drachmes : *additis, inquit, adhuc tribus drachmis, quod sunt 15 oxybaphum.* Ce qui est aussi authorisé par Isidore au chapitre, *de ponderibus et mensuris*, en ces mots : *Oxybaphus fit si quinque drachmæ ad decem addantur. Acetabulum quarta pars est Herminæ, duodecim drachmas appendens.* Tous les M^ss d'Isidore lisent ainsi, et Ciacconius (1) a voulu corriger *quindecim drachmas appendens*, parce que Pline baille autant de drachmes à l'*Acetabulum* qui est l'ὀξύβαφον des Grecs. *Glossæ : Acetabulum,* ὀξύβαφον.

Je ne puis pas m'imaginer pourquoi les latins qui

---

(1) C'est Pierre Chacon, le docte chanoine de Séville, qui fut surnommé le Varron de son siècle. Il a non seulement commenté les *Origines* de saint Isidore, mais encore un grand nombre d'auteurs de l'antiquité classique ou chrétienne.

ont escrit des mesures, font différence entre ces deux noms d'*oxybaphum* et d'*Acetabulum*. Isidore fait l'*Acetabulum* une quarte partie de l'*Hemina* ou *Cotyla*. L'auteur grec de Marcellus dit le mesme de l'ὁ ξύβαφοντ: ὁ δὲ ὀξύβαφον, *inquil*, τέταρτον ἐστὶ κοτύλης. Africanus divise la *Cotyla* en deux *Oxybapha* seulement : Ἡ κοτύλη διαιρεῖται εἰς ὀξύβαφα δύο, τὸ δὲ ὀξύβαφον εἰς κυάθους τρεῖς. Un autre vieux auteur, imprimé avec le Nicander (1), s'y accorde, ἡ κοτύλη καὶ τὸ τρυβλίον ὀξύβαφα δύο.

Faisons maintenant le rapport de ces petites mesures avec la *Cotyla* ou *Hemina* qni est la livre des mesures liquides. Si l'*oxybaphum* a quinze drachmes, et que la cotyle ait quatre oxybapha, il s'ensuivra que la livre des mesures liquides ne pèsera que soixante drachmes, ce qui ne peut pas estre. Car Africanus dit que la mesme proportion, qui est entre la livre de poids, et la mine ou μνᾶ est aussi entre la livre des mesures liquides avec la *cotyla* ou *semisextarius* ὃν γὰρ λόγον ἔχει ἡ λίτρα τοῦ σταθμοῦ πρὸς τὴν μνᾶν, τὴν αὐτὴν ἡ μετρητὴ λίτρα πρὸς τὴν κοτύλην ἔχον τὸ ἡμίξεστον. Les aucuns ont fait la *cotyla* d'une livre, les autres d'une livre et demie. Et de mesme le *sextarius* qui fait deux *cotyles*. Les uns lui baillent trois livres, les autres deux. Or, tous unanimement font le congius de six *sextarii*, et les Grecs leur χόα de six ξέστης, et suivant ce le congius sera ou de douze livres, si le *sextarius* n'en pèse

---

(1) Poète ot médecin grec du second siècle avant l'ère chrétienne ses deux poèmes qui uous restent de lui sont intitulés Θηριακᾶ et Ἀλεξιφάρμακα.

que deux, ou de dix-huit s'il en pèse trois. Et toutefois le *congius* romain ne se trouve peser que dix livres justes.

Examinons donc toutes ces différences. Ceux qui donnent à l'*Acetabulum* douze drachmes seulement et ne baillent à la *cotyle* que quatre *acetabula*, font la livre des mesures liquides de XLVIII drachmes seulement, ce qui ne peut avoir lieu ; mais comme ceux-cy font la cotyle de XLVIII drachmes, Africanus la fait de 48 ceuillières : Καὶ ὁ ξέστης ἄρα εἰς κοχλιάρια ἀναλύεται 45. *Et Sextarius igitur revolvitur in nonaginta sex Cochlearia.* Ce sont 48 ceuillières pour la cotyle qui est le demi *sextarius*. Si la ceuillière d'Africanus ne pesoit que demi drachme, qui est le poids ordinaire, que les autheurs donnent à la ceuillière, la cotyle n'auroit que 24 drachmes, et la livre liquide ne peseroit pas davantage. Il y a donc une grande erreur au calcul, puisque le mesme Africanus veut que la livre des liquides ait une mesme proportion avec la cotyle, comme la livre de poids se reporte avec la Μνᾶ. Or est-il que la mine a cent drachmes, et la livre XCIV. Si nous prenons la ceuillière d'Africanus pour estre du poids de deux drachmes, la *cotyla* qui contient, à son dire, 48 ceuillières, pesera XCVI drachmes, qui est la livre juste.

Tout le discord vient du divers poids des ceuillières ; les uns les ayant d'un demi drachme, les autres d'une drachme, et quelques-uns de deux, comme Africanus. Et d'autant que la mine, selon quelques-uns, pèse une livre et demie, de là vient aussi que la *cotyle*, suivant l'avis d'aucuns pesoit une livre et demie, et le *sextarius* qui est le double, trois livres ; et comme il y a eu diverses sortes de ceuillières, de petites et de grandes, de mesme aussi, il y a eu des *cyathi* et des *mystra*, petits et grands, plus ou moins pesants. Le fragment des mesures qui se lit derrière Nicander : τὸ κοχλιάριον, ὀηνάριον, ἤτοι στάγιον ἤμισυ. Τὸ μικρὸν μύστρον, καὶ τὸ σίκλον, κοχλιάρια δύο. Ὁ κύαθος μικρὰ μύστρα τέσσαρα. Τὸ ὀξύβαφον, καὶ τὸ μέγα μύστρον, κυάθους τρεῖς.

Ce passage est fort considérable. Premièrement il fait ici une sorte de ceuillière, qui est plus grande que l'ordinaire, en ce qu'il lui attribue le poids d'une drachme et demie, qui sont trois ceuillières de celles de Fannius, après il fait peser ce χοχλιάριον un denier ou une sextule et demie ; et faut ici entendre de ces deniers d'argent, qui avoient cours pour lors dans l'empire, qui pesoient une drachme et demie, et dont les LX faisoient la livre d'argent, comme lui-mesme l'explique un peu plus haut : τὸ δηνάριον, δραχμὴν μίαν, ἤμισυ. Τὸ ἀσσάριον, δηνάριον, ἤτοι στάγιον ἓν, ἤμισυ. Le στάγιον ou la sextule, est la sixiesme partie d'une once, dont les LXXII rendent la livre complette, qui est le poids de l'écu du dernier empire. La ceuillière donc de cet autheur pèse une sextule et demie, et le petit mystrum qui en contient deux pareilles aiant le poids de trois στάγια, ou sextules, pesera demie once comme il le dit ailleurs : ὁ κύαθος ἔχει μύστρα μικρὰ δύο· τὸ γὰρ μύστρον ἔχει σταθμὸν σταγίων τριῶν, ἤτοι οὐγκίαν, ἤμισυ. Si le cyathus a deux de ces *mystra* qu'il appelle petits, il pesera une once, c'est-à-dire six sextules qui valent autant que huit drachmes, qui est encore moins que le cyathus de Pline pesant dix drachmes.

Ce mesme autheur grec ajoute : ἐν ἄλλοις δέ φασιν ὅτι ὁ κύαθος ἔχει σταθμὸν οὐγκίας μιᾶς ἡμισείας, c'est-à-dire XII drachmes, qui revient à peu près de votre compte, suivant la différence qu'il y a du vin à l'huile, veu que le cyathus du vin doit peser XII drachmes et un tiers. Thus Le cya de Fannius pèse aussi XII drachmes et non X comme vous mettés dans vostre lettre. Car si la ceuillière pèse demi-drachme, qui est la sixiesme partie du *mystron* comme il le pose, lequel *mystron* sera la quarte du *cyathus*, son *cyathus* pesera XII drachmes. Le *cyathus* d'Africanus comme j'ai remarqué cy-dessus, ne pèse que VIII drachmes, non plus que celui de l'autheur de Nicander (1), si nous supposons que sa ceuilllière ne pèse qu'une drachme, si elle en pèse deux, son *cyathus* sera de XVI drachmes. Tellement que voilà des cyathes de VIII, de X, de XII, de XIII et un tiers et de XVI drachmes.

Ceux-là donc approchent le plus, qui mettent le cyathus à une once et demie, c'est-à-dire XII drachmes, ils approchent plus, dis-je, de la mesure de *Congius* romain, qui n'est que de X livres, car de là il n'en faut aucunement douter. Le quadrantal romain pesoit LXXX livres. Le *congius* en estoit la 8ᵉ partie, et pesoit X livres justes, ainsi qu'il se voit dans ce notable fragment de Festus (2), sur les

---

(1) C'est-à-dire de l'auteur qui accompagne le Nicandre.

(2) Sextus Pompeius Festus, l'auteur du Glossaire intitulé *De significatione verborum*, auquel se rattache pour toujours le souvenir de commentateurs tels que Joseph Scaliger et Fulvius Ursinus, d'éditeurs tels que MM. E. Egger et K. O. Müller.

mots *Publica pondera*, suivant une taxe, le *scata-rius* pèsera justement une livre et demie, et deux onces, et le cotyle dix onces, et non pas une livre entière, comme la pluspart des autres l'affirment. Et ceux-là en approchent le plus, qui ne le font que de IX onces, et le *scatarius* d'une livre et demie.

L'auteur grec qui est avec Nicander : ὁ ξίστης ἔχει λίτραν μίαν, ἥμισυ. Il se méconte de deux onces. Ἡ κοτύλη ἔχει οὐγκίας θ. Il y a à dire une once et, ce qui est bon à remarquer, le mesme escrivain donne 10 livres au congius, ὁ χοάς ἔχει λίτρας δίχα. Il fait aussi l'*Acetabu-lum* de deux onces, et le cyathus de XII drachmes et suivant la proportion des X livres du *congius* il devroit avoir XIII livres et un tiers. Mais les au-theurs négligent souvent en leurs divisions ces petits nombres rompus, qui empeschent le compte d'estre rond.

Pour ce qui est du passage latin de Marcellus, où il donne le nom de *cotylos* à un vase du poids de IV onces κότυλος et κοτύλη, c'est une mesme chose, l'auteur de Nicander fait aussi mention d'une sorte de *cotyla* qui pèse IV onces : Ἡ κοτύλη, καὶ τὸ τρυβίον, ὀξύβαφα δύο. En un autre endroit, il donne deux onces à l'ὀξύβαφον : τὸ ὀξύβαφον ἔχει οὐγκίας β'. C'est donc IV onces pour la cotyle. Ailleurs, il baille IX onces au τρυβλίον et le fait égal à la grande cotyle. En un autre lieu, il veut que la grande cotyle soit la mesme chose avec l'ὀξύβαφον. Ἡ μεγάλη κοτύλη ἴση τῷ ὀξυβάφῳ. En somme ces autheurs sont fort incertains.

Marcellus distingue entre κότυλος et κοτύλη. Car il veut que *cotyla* soit la mesme que l'*hemina*, et fait deux genres de *cotylus*, l'un qui est de IV onces, et l'autre de trois qui est, ce dit-il, la troisiesme partie de l'*hemina*, et par ainsi vous voyés qu'il fait la *cotyla*, qui est aussi l'*hemina* de IX onces, ainsi que l'auteur de Nicander.

Pour la difficulté qui est au passage de Marcellus, je suis de vostre avis, qu'il y faut lire : et *cochlearia* XVI, il n'y a rien de plus certain, et je l'avois ainsi remarqué en la marge de mon livre. Les IV onces qu'il baille au *cotylos* pesent XXXII drachmes, qui sont deux cyathos de chacun XII drachmes et encore VIII drachmes de plus qui sont XVI cueillières d'une demie drachme la pièce, qui est le poids qu'il leur attribue.

Ce qu'il dit à la fin de son observation est fort remarquable : *cyathus pars octava sextarii. Sed ad pondus drachmarum pars decima est.* Si vous faites le *cyathus* de XII drachmes, comme il semble le faire, ou plustost si vous faites le *sextarius* de XCVI drachmes, le *cyathus* en pesant XII drachmes en fera la VIIIe partie. Car XII est la huitiesme partie de XCVI. En lui donnant au contraire X drachmes, comme Pline et les autres font, et le faisant la dixiesme partie du *sextarius*, et seront C drachmes pour le *sextarius*, et L pour le cotyla, comme au contraire en faisant le cyathus de XII drachmes, et la huitiesme partie du *sextarius*, et sera aussi la quatriesme de la *cotyla*, et la *cotyla* n'aura que XLVIII drachmes, ainsi que nostre autheur des agrimenseurs le met. Pline, comme vous sçavés, la fait de LX, et le cyathus de X, qui est suivant ce point la sixiesme partie de la *cotyla*, et la douziesme du *sextarius*, ce qui répugne au dire de Marcellus, qui ne le fait que la huitiesme ou bien la dixiesme, suivant le poids des drachmes.

Mon Africanus divise le *sextarius* en XII *cyathes* et le cotyle en VI, et fait résoudre le *sextarius* en XCVI ceuillières, et Marcellus en autant de drachmes. Si le *cyathus* est la 12ᵉ partie du *sextarius*, il tiendra huit ceuillières, mais j'ai déjà examiné ceci auparavant.

Le passage don : de Marcellus semble corrompu, ou il fait le *cyathus* la dixiesme partie du *sextarius*, jouxte le poids des drachmes. Et toutefois, si l'opinion posée par quelques auteurs, que la Sexti-Cotyle ne pese que XLVIII livres, et le *sextarius* le double, la chose ne reviendroit pas mal. C'est tout ce que je vous en puis dire pour le présent. Je n'ai point vu de livre ancien de Marcellus, et il y a longtemps que j'en cherche.

Je serai bien aise de voir le dessein de vostre *Pile*, qui me pourra grandement servir à ce que j'avois autrefois remarqué sur cette matière et peut-estre me fera-t-il revenir le goust d'achever mon dessein non interrompu, mais quasi rompu tout-à-fait par d'autres estudes.

Pour ce qui est du mot de *Pile* en ce sens, j'estime qu'il vient de ce que plusieurs poids sont mis les uns sur les autres, ou dans les autres (1), et *Pilare* en latin signifie *condenser* et coacerver (2)

---

(1) Les philologues sont d'accord aujourd'hui pour faire venir le mot *pile* du mot latin *pila*, colonne.

(2) Je ne trouve ce mot dans aucun des recueils lexicographiques que j'ai sous la main, pas même dans le *Dictionnaire de Trévoux*. Le mot est formé du latin *coacervare*, entasser, accumuler.

plusieurs choses en une : *Hinc pilato agmine incedere*, c'est-à-dire serré et pressé. Nous appelons *Pile* aussi tout ce qui est ammoncelé l'un sur l'autre: *une pile de jettons, une pile de testons,* et mesme une *pile de bois.* Nous, Bourguignons, parlons encore ainsi.

Je vous remercie au reste, très humblement des livres qu'il vous a pleu envoyer à M. du Puy pour me faire voir. Quant au Suétone, puisqu'ils m'escrivent qu'il est assés récent, il n'est pas besoin de lui faire passer la mer veu mesme que je n'ai plus le dessein de rien faire sur cet auteur, aiant d'autres sujets de plus longue haleine. Mais je serai bien aise de voir le registre du dernier Roy de Chypre, à cause des Chartres en grec vulgaire. qui y sont. On me le peut envoyer par voye seure ; et le puis renvoyer de mesme.

Je voudrois aussi vous prier très humblement, si par les correspondances que vous avés grandes en Levant, il y auroit moyen d'avoir quelques livres égyptiens, c'est-à-dire escrits en langue Elkuptique. Je me suis donné à cette langue, par le moyen d'un petit livre que M. de Thou a rapporté de son voyage (1), escrit en cette langue, qui m'a fait descouvrir une partie de l'analogie de cette langue, qui est des plus anciennes ; et par le moyen de ce

---

(1) Il s'agit là de Jacques Auguste de Thou, le fils du président Jacques Auguste de Thou, du grand historien, C'est celui qui devait si misérablement périr sous la hache du bourreau, le 12 septembre 1642. On sait que, bien jeune encore, il parcourut presque toute l'Europe et une partie de l'Orient.

que j'en scais déjà, qui n'est pas grand chose, j'ai deschiffré beaucoup de passages notables chés les anciens. La pluspart des Talismans, en graveures anciennes, où il se trouve de l'escriture grecque, et un dialecte non intelligible, c'est assurément de l'Egypte. De toutes les autres langues orientales, nous en avons aujourd'hui des grammaires, et de celle-cy il ne s'en trouve rien. Si j'avois encore quelque escrit en cet idiome, je me ferois fort d'en donner une grammaire parfaite et un lexicon de beaucoup de mots, qui seroit assés pour ouvrir le pas à d'autres pour la desfricher tout-à-fait.

Pour ce qui est des petits auteurs grecs, dont j'ai tiré quelque chose touchant les monnoyes, en voici les noms ; un livre intitulé : Παλαιὰ λογαρικὴ καὶ νέα, *vetus et novum rationale imperii*. Africanus, Eusebius, Hero Adamantius, et celui que je devois nommer le premier, Origenes (1). J'ai trouvé dans les Mss des fragmens, ou plutost des extraits des poids des monnoyes des susdits auteurs, entre lesquels excellent Africanus et Hero. J'ai de chacun d'eux un chapitre entier. Si vous les désirés voir, je vous les transcrirai, et l'eusse fait dès à présent, si j'eusse eu le loisir, pour vous les envoyer par cette commodité. Et vous supplierai encore d'une chose que j'ambitionne le plus du

---

(1) Eusèbe Pamphile, évêque de Césarée, et Origène, sont connus de tout le monde. Il n'est pas inutile de rappeler que le médecin Adamantius composa un traité en deux livres sur la physionomie dédié à l'empereur Constance.

monde, qui est d'estre conservé dans l'honneur de
vos bonnes grâces, comme estant à jamais,

Monsieur,

Vostre très humble et très obéissant
serviteur,

C. SAUMAISE.

A Leyden, ce 22 janvier 1633 (1).

III

Monsieur,

Il y a déjà quelques mois que j'ai fait response à
celles qu'il vous a plu m'escrire, comme j'estois
déjà arrivé en ce pays, où j'ai tasché de satisfaire au
moins mal qu'il m'a esté possible à ce que vous
désirés sçavoir de moi. Je ne doute point que mes
lettres ne vous aient esté rendues, et que vous ayés
eu soin de la prière que je vous faisois par icelles,
de me faire recouvrer par le moyen de vostre crédit
et des correspondances que vous avés en Levant,
quelques livres escrits en langue elkuptique ou
égyptienne ancienne, à laquelle je me suis addonné
depuis quelque tems et y ai descouvert de beaux
secrets! Cette langue estant fort ancienne et grandement usitée, principalement en l'invocation des

---

(1) Fonds français, vol. 22.556, f° 161-161, copie du xviiie siècle.
Dans cette copie on a quelque peu rajeuni l'orthographe. Je n'ai pas
cru devoir conserver ces rajeunissements. La même observation s'ap-
plique à toutes les lettres suivantes.

dieux payens et secrets de la magie, et je trouve
fort peu de Talismans, qui ne soient gravés en cette
langue. Ce que nos sçavans taschent de raporter à la
langue hébraïque, et s'y trompent aisément. Car
cette langue n'a aucun raport ni affinité avec l'Hébraïque, ni aucune autre orientale. Enfin, la pluspart des gravures anciennes, qui se trouvent faites
eu caractères grecs, et langage non entendu, sont
égyptiennes.

Je me suis au reste bien resjoui d'apprendre par
celle de M. du Puy comme vous attendés encore
du Levant beaucoup de M^{ss} grecs, et me tarde
infiniment que j'en voye le catalogue.

Nous avons ici un professeur en la langue
hébraïque, nommé l'*Empereur* (1), lequel vous
pourra déjà estre connu parce qu'il a donné au public (2). Il travaille fort pour la vérité de la religion
chrestienne contre les calomnies des Juifs (3), et à
dessein de faire imprimer à ce sujet, un rabbin (4),
duquel il a un exemplaire, mais fort gasté en plusieurs endroits, et m'ayant prié s'il y avoit moyen
d'en recouvrer un autre par le moyen de mes amis

---

(1) Constantin l'Empereur, né à Oppyck (Hollande), fut un des
élèves les plus distingués de l'orientaliste Erpenius. Après avoir
professé pendant huit ans à Harderwick, il obtint (1627) la chaire
d'hébreu de l'université de Leyde et *mourut en cette ville* en
1648.

(2) Voir dans le *Moréri* de 1759 (t. IV, p. 103) la longue liste des
publications de l'Empereur.

(3) On lit dans l'article déjà cité du *Moréri* : « Il travailla beaucoup à répondre aux objections des Juifs contre la religion chrétienne. »

(4) Voir sur ce Rabbin la note 14 de la lettre suivante.

de France, j'ai jugé que je ne pouvois mieux recourir à autre qu'à vous. Je vous envoye donc le mémoire qu'il m'a baillé. Ce livre se trouve aussi escrit en italien, et est mesme imprimé, à ce qu'il m'a dit. Mais l'édition n'est point recouvrable en ces quartiers. Si nous le pouvions avoir par vostre moyen, vous obligeriés grandement le public, outre l'obligation particulière que vous en aura,

Monsieur,

Vostre très humble et très obligé
serviteur,

SAUMAISE.

A Leyde, ce 20 juillet 1633 (1).

IV

Monsieur,

Il y a quelques mois que M. du Puys de Saint-Sauveur (2) m'envoya le duplicata d'une grande lettre que vous lui aviés escrite sur le sujet d'une ceuillière ancienne, qui vous a esté donnée par le sieur de Montagu, grand antiquaire de nostre

---

(1) *Ibid.* f° 164, v°.

(2) Jacques du Puy, prieur de Saint-Sauveur, garde de la bibliothèque du Roi, d'abord avec son frère Pierre du Puy (de juillet 1645 à décembre 1651), puis, après lui (jusqu'au 17 novembre 1656). Voir dans le *Cabinet des Manuscrits*, par M. Léopold Delisle, deux fragments des lettres adressées par Jacques du Puy à son ami Saumaise (tom. I, p. 261). Ces lettres, au nombre de 118, remplissent tout le volume 3934 du fonds français, volume qui appartenait autrefois à la collection de La Mare. Voir l'énumération des 118 lettres du prieur de Saint-Sauveur écrites de 1633 à 1653, dans le *Catalogue des Manuscrits français* publié par l'administration de la bibliothèque nationale (tome III, 1881, p. 169-172).

Bourgogne (1), avec semonce de vostre part, si je trouvois quelque chose à dire et remarquer sur les belles et rares observations que vous y avés faites (2), de vous en donner avis. Ce que j'eusse fait dès le jour mesme qu'elle me fust rendue, si après l'avoir leue deux à trois fois ec un singulier contentement, il me fust rien tombé en la mémoire, que je crûsse y devoir trouver plus digne pour y estre ajouté, soit en corrigeant ce que vous avés mis ou amplifiant ce que vous auriés laissé à mettre.

Il faut avouer que vous dominés sur tous les autres hommes du monde en cette estude de l'antiquité, d'autant que vous avés joint la pratique à la théorie. La pluspart de nos scavants n'ayant exercé que l'une des parties, et s'estant contenté de scavoir ce que les livres leur en pouvoient apprendre, qui n'est rien au prix de ce que les choses mesmes nous enseignent lorsque nous venons à les mettre sous nostre veue, les tenir et manier dans nos mains. Je

---

(1) Ce *grand antiquaire* n'a pas de notice dans nos plus amples recueils biographiques. Gassendi (sous l'année 1634) en parle ainsi (p. 427), après avoir mentionné le séjour dans la maison de Peiresc, du philosophe Thomas Campanella : « *Quibus nempe diebus ille est apud Peireiskium commoratus, tum alios diversanteis vidit, tum generalem apud Augustodunenscis propraetorem Montagutium, qui loca Provinciae sacra invisens, invisurus quoque eum fuit. Is porro detulit ad ipsum Cochlearia duo argentea antiqua, et nonnulla alia, quae Augustoduni e ruinis vetustatis eruta videre Peireskius optarat.*» On trouve dans la correspondance de Peiresc de nombreuses pages sur les objets antiques qui lui avaient été apportés par M. de Montagu. La bibliothèque d'Inguimbert possède 19 lettres de Peiresc au magistrat d'Autun.

(2) Gassendi ne loue pas moins que Saumaise ces *belles et rares observations* (p. 427) : « *Hinc ad Puteanos litteras dedit et fusissimas et plenissimas inexhaustae eruditionis.* »

sçais bien moi mesme a quoi m'en tenir, et je n'ai que prou essayé par ma propre expérience, combien est fautive et fallacieuse la science que j'en pesche dans les anciens auteurs qui ne traitent jamais à escient, et de propos délibéré de ces matières, qui leur estoient connues et triviales, non plus que nous ne faisons aujourd'hui en nos escrits de nos vestements et ustancilles, lesquels aussi eux ne touchent qu'en passant, comme parlant de choses connues, et à des gens qui les connoissoient sans se soucier si après leur siècle il en suivroit d'autres, qui se serviroient d'autres termes, que ceux qui estoient lors usités parmi eux.

Pour exemple, nous n'eussions jamais compris la façon de calculer des anciens, si nous n'eussions veu l'*Abacus*, sur lequel ils calculoient (1), et la forme de leurs jettons. Cependant, y a-t-il rien dont les auteurs fassent plus de mention en leurs escrits, tant les grecs que les latins?

Ainsi de tout le reste, et principalement des habits antiques *Togæ, Pallia, Chlamydes, Saga*. Combien me suis-je de fois rompu la teste, et travaillé en vain à expliquer et éclaircir ce que j'en rencontrais chés les autheurs, et n'en fusse jamais venu à bout, sans avoir veu de mes yeux, le portrait des choses que je ne pouvois me figurer telles par la lecture seule des livres.

Témoin encore la Fibule des anciens, que je ne

---

(1) Voir, à propos d'un abacus trouvé à Autun et envoyé à Peiresc par un parent de M. de Montagu, M. Venot, la page 438 de l'ouvrage de Gassendi.

me fusse jamais figurée telle, si vous ne me l'eussiés
fait voir par les desseins que vous m'en avés envoyés.

Je suis maintenant sur un plus noble argument
que celui des robes, et lequel j'ai entrepris en
faveur du prince d'Orange, qui m'en avoit fait parler il y a longtems, qui est la *milice romaine* (1),
où je montrerai que personne jusques ici n'a entendu
la manière de camper et de ranger en bataille, que

---

(1) Le travail de Saumaise sur la milice romaine ne parut qu'après
sa mort : *De re militari Romanorum liber. Opus posthumum* (Leyde,
Jean Elzevier, 1657,in-4°). M. Alphonse Willems, dans son beau livre
sur les *Elzevier* (Bruxelles, 1880, p 199, article 808) raconte ainsi
l'histoire de ce livre : « Saumaise avait entrepris ce traité vers 1634,
à la demande du prince d'Orange qui désirait connaître la *manière
de camper des Romains et celle de ranger en bataille.* Suivant le désir
du prince, il le rédigea d'abord en français. En 1637, il se rendit à
Paris pour le faire imprimer, mais ne trouva pas d'éditeur disposé
à s'en charger (*Salmasii epist.*, p. 189). Les Elzevier se montrèrent
plus accommodants. L'impression était déjà assez avancée en 1644 pour
que l'ouvrage fût porté (sans indication de prix) dans le Catalogue
officinal publié en cette année. Nous voyons par ce document que
le traité de Saumaise devait paraître simultanément en latin et en
français. Malheureusement l'auteur, engagé dans d'incessantes con-
troverses, n'avait guère de temps à consacrer à son œuvre. Non pas
qu'il la perdît de vue, au contraire, il se promettait constamment
d'y revenir. Ainsi, en 1648, il déclarait qu'il allait y travailler sans
désemparer, aussitôt qu'il aurait mis au jour son écrit contre Didier
Hérault; c'est du moins ce que marquaient les Elzevier à Cl. Sarrau,
qui ne manqua pas d'en féliciter Saumaise(*Sarravii Epist.*, p. 186). ·
Mais ces bonnes résolutions ne tinrent pas. A peine débarrassé de
Hérault, Saumaise s'embarquait dans une nouvelle polémique à
propos de l'exécution de Charles Ier d'Angleterre, tant et si bien
qu'il mourut en 1653, avant d'avoir mis la dernière main à son livre.
Pris au dépourvu par cet événement, les Elzévier résolurent d'en
finir une bonne fois et de mettre en vente l'ouvrage tel quel. Mais
ils se ravisèrent par la suite et le soin de la publication fut confié à
C. Horn Celui-ci accepta cette tâche, et le traité de la Milice Romaine
parut enfin en 1657, avec une préface de l'éditeur. Le volume est
dédié par J. Elzevier à J. Aug. de Thou.»

les Romains ont pratiquée (1), et cette milice a esté ignorée jusques là que les plus scavants n'ont pas mesme sceu discerner quelle différence il y avoit entre le *Pilum* et l'*Hasta* (2). Lipse en ses dialogues sur le traité de Polybe, tourne *Pilum*, ce qui est *Hasta*, et que les Hastati (3) portoient ; et au contraire, il rend *Hasta* ce qui estoit *Pilum*, et qui estoit une arme propre aux *Triarii* (4), qui en estoient encore appellés *Pilarii*. Tous les autres sont tombés en cette mesme faute. Ce qui a aidé à les tromper, est que sous les empereurs, le *Pilum* a esté seulement en vogue parmi les légions, et ne se parloit plus d'Hasta. D'autant que la distinction des *Hastati*, des *Principes* et des *Triarii* n'avoit plus de lieu aux batailles romaines ainsi qu'elle avoit eu autrefois. Qui est encore une autre erreur, qu'ils ont cru que les Romains ont toujours rangé leurs légions en bataille, par ces ordres différends des *Hastati*, *Principes* et *Triarii*.

Si vous aviés en main quelques figures du *Pilum* ancien, vous me feriés un singulier plaisir de me la

---

(1) Les superbes éloges que donne ici Saumaise à son futur ouvrage n'ont pas été acceptés par tous les critiques, et Papillon a cité notamment (p. 263) cette assertion de Crenius (*Animadversions philologico-historiques*, 3e partie, p. 127) : « *Quæ de re militari Romanorum post mortem Salmasii sunt data, fefellerunt multorum spem.* »

(2) Voir l'article *Pilum* par feu Charles Dezobry dans le *Dictionnaire général de biographie et d'histoire* que l'auteur de *Rome au siècle d'Auguste* a publié avec Th. Bachelet (Paris 1857, tome II, p. 2129).

(3) Voir dans le même dictionnaire l'article *Hastats*, *Hastati*.

(4) Voir (*Ibid.*) l'article *Triaire*, *Triarius*. Tous ces articles sont de M. Charles Dezobry, qui avait fait une étude toute particulière des antiquités romaines. Voir encore sur les *Triarii*, l'article *Acies* du Dictionnaire de M. Saglio (1er fascicule, p. 28-31).

faire tracer sur du papier, le plus exactement que vous pourriés, avec sa grosseur, sa longueur et sa forme, tant du bois que du fer. J'en vois la figure dans la colonne Trajanne, et Du Choul en rapporte aussi quelques-unes (1). Mais tout cela ne me satisfait pas ; d'autant que, remarquant la forme, je ne puis en apprendre au vrai la grosseur et la longueur, ni jusques ou le fer descendoit, et de quelle façon le bois y estoit enté et emmanché.

Ce dessein que j'ai en main ne me fait pas perdre le goust de mon égyptien, et j'attends tousjours en fort grande impatience le lexicon et la grammaire que vous me promettés. Quand viendront-ils? Les hommes vieillissent en attendant, et espérant, et meurent quelquefois avant que de voir le fruit de leur attente. Cet honneste homme qui est à Rome, et qui vous promettoit le sien dans quatre mois, nous a baillé des paroles. Vos quarantaines me tourmentent fort (2). Le sieur Elichman qui est retourné depuis peu de Dannemark (3), me met

---

(1) Guillaume Duchoul, célèbre au XVIᵉ siècle sous son nom latinisé *Caulius*, fut un antiquaire de Lyon dont la vie est imparfaitement connue. L'ouvrage dont veut parler Saumaise est le *Discours sur la castramétation et discipline militaire des anciens Romains* (Lyon 1555, in-folio).

(2) L'impatient Saumaise déplorait la longueur du séjour que faisaient à bord des vaisseaux arrivés devant Marseille, les livres et les manuscrits que des plus lointains pays l'on envoyait à Peiresc, et que ce dernier communiquait avec tant de joie à ses savants amis.

(3) Jean Elichman, natif de Silésie, était médecin à Leyde où il se maria en 1638 et où il mourut en 1639. Bayle (*Dictionnaire critique*) édition Beuchot, tome VI, p. 116) dit de ce philologue dont il cite divers ouvrages écrits en latin et en arabe : « Il entendait bien seize langues, et il était si habile dans le persan, qu'au jugement de Saumaise l'Europe n'a jamais produit un homme qui l'égalàt en cela, il n'en

en cervelle (1), avec un alphabet, qu'il en a rapporté d'un Moravien qui a longtemps demeuré en Egypte, qu'il appelle *Forma Ægyptiorum*, lequel est si extravagant et différent de celui que j'ai eu de vous, et des autres caractères dont sont escrits les livres des Coptes, tant en la forme des lettres, qu'aux noms d'icelles, qu'il ne se peut rien voir de si dissemblable; il a transcrit aussi quelques versets des pseaumes en cette mesme langue, qu'il dit estre égyptienne, qui n'a rien d'approchant d'avec celle des Cophtes. Il en met trente-trois. Je vous envoyerai tout l'alphabet entier par la première commodité, ce que j'eusse fait à cette heure, si le tems et le loisir me l'eussent permis.

M. l'Empereur me presse tousjours de son Abraham Peritzol (2), duquel vous lui aviés fait espérance, m'ayant escrit que vous le faisiés transcrire sur celui d'un juif de Turin. Je vous envoye

---

produira peut-être jamais un semblable. » Ce fut Saumaise qui fit imprimer à Leyde (1640) la version arabe et latine du Tableau de Cébès laissée par Elichman ; il y joignit une très ample préface déjà mentionnée ici (note 6 de l'Avertissement). Elichman reparaîtra dans une lettre de Saumaise à Jacques du Puy.

(1) Saumaise s'exprimait comme un personnage du *Distrait* de Regnard :

    Ce dédit m'embarasse et me *tient en cervelle.*

(2) Le rabbin dont il a été question dans la lettre précédente. Saumaise veut-il parler d'Abraham-Ben-Diez, rabbin du xɪɪᵉ siècle, auteur d'un commentaire sur le livre de Jelzira, commentaire intitulé : *Peroushal zepher Jetzira ?* Ce qui me le ferait croire, outre la quasi-ressemblance des mots *Peritzol* et *Peroushal,* c'est que Saumaise, en réclamant, le 22 janvier 1633, communication d'une copie de l'ouvrage, rappelait à son correspondant que cet ouvrage avait été déjà imprimé. Or le commentaire d'Abraham-Ben-Diez parut à Mantoue (1540, in-4°).

la response de M. Golius (1). J'ai esté prié de vous
recommander M. Dormal, chanoine de Liège (2),
qui passera bientost par vostre ville pour aller à
Rome (3) ou Holstenius (4), qui est son ami de
tout tems, l'a invité en lui faisant offre de sa
chambre, de sa bibliothèque, de son lit et de sa
table. C'est un homme excellent, principalement
en la langue grecque, et fait des vers grecs qui
peuvent passer pour anciens. Tels gens n'ont pas
besoin de vous estre recommandés, il ne faut que

---

(1) Jacques Golius, un des plus savants orientalistes du XVIIᵉ siècle, naquit à La Haye en 1596 et mourut à Leyde en 1667. Il fut pendant quelque temps, en sa jeunesse, professeur de grec à La Ro-
chelle. On a quelques lettres de Peiresc à Golius parmi les minutes
conservées à la bibliothèque d'Inguimbert (6ᵉ volume). Dans toutes
ces lettres, ainsi que dans celles qui sont (Ibidem) adressées à Elichman, il est question de Saumaise.

(2) Henri Dormalius fut un des amis et correspondants de Peiresc.
M. Lambert, dans son Catalogue des Manuscrits de la bibliothèque de
Carpentras (tome III, p. 99), indique 14 lettres de Peiresc à Dormalius. Il n'a pas tenu compte de la disparition des feuillets 173 à 178.
Le troisième volume des minutes de la Bibliothèque d'Inguimbert
ne possède plus que deux lettres de Peiresc au savant helléniste.
Voir sur Dormalius une note des Lettres inédites de J.-J. Bouchard
à Peiresc (1881, p. 39). On retrouvera son nom, entouré de grands éloges, dans une lettre de Saumaise à Jacques du Puy, lettre du 1ᵉʳ juin
portant (Appendice) le nᵒ VIII.

(3) Gassendi (p. 339) le nomme parmi ceux qui connurent la dou-
ceur de l'hospitalité de Peiresc : « Sic Henricus Dormalius Leodiensis
canonicus, omnibus quidem literis bonis, sed fœlici tamen Græcorum
poetarum imitatione præsertim conspicuus, quem nisi negotia domum
revocassent, prolixius longe detinuisset. »

(4) Luc Holstenius, né à Hambourg en 1596, mourut en 1661 à
Rome, où, depuis 1636, il était bibliothécaire du Vatican. Il avait
habité Paris de 1624 à 1627 et y avait été bibliothécaire du président
de Mesmes. On sait que Boissonade a publié (1817, in-8º) les lettres
d'Holstenius à Peiresc. J'espère bien ne pas mourir sans avoir publié
les lettres de Peiresc à Holstenius, dont les originaux sont à Rome
(Bibliothèque Barberini) et dont la copie complète est entre mes
mains.

vous les montrer. Ma fin sera de ce qui me tient le plus au cœur du lexicon égyptien, et de la grammaire. Si j'estois prescheur, je ne prescherois d'autre chose. Vous excuserés, s'il vous plaist, mon importunité, et me croirés pour jamais,

> Monsieur,
>
> Vostre très humble et très obéissant serviteur,
>
> SAUMAISE.

A Leyde, ce 1er juin 1635 (1).

V

Monsieur,

Je commencerai ma lettre par la réception de l'*Ebenbitar* (2), pour lequel je vous rends un million de remerciemens. C'est la monnoye qui m'est la plus familière, n'en ayant quasi point d'autre à débiter, et ce m'est assés, puisque vous le prenés en payement. Lorsque j'aurai quelque chose de meilleur, ou que je pourrai quelque chose de mieux pour vostre service; je n'oublierai pas à m'en prévaloir en récompense de tant de bienfaits.

------

(1) *Ibid.* fo 172, vo.

(2) C'est-à-dire Ibn-Beïthar, surnom d'Abdallah-ben-Ahmed, médecin et botaniste, mort à Damas au milieu du XIIIe siècle. Il écrivit en arabe un *Traité des Simples*, qui a été imprimé à Boulak (près du Caire) en 1874, et dont le Dr Leclerc vient, avec le concours de M. Barbier de Meynard, de publier la traduction dans le *Recueil des Notices et Extraits des Manuscrits de la Bibliothèque nationale.*

J'attends aussi avec impatience le nouveau testament Cophte, ne doutant point que cette version ne soit plus ancienne, que pas une que nous ayons ès autres langues orientalles, et par conséquent la meilleure. Les Syriaques et les Arabiques sont assés récentes. Celle-ci doit estre plus vieille, d'autant que le Cophte est à présent une langue morte qui n'a cours que dans leur liturgie, et partant les versions, qu'ils ont de la sainte Escriture, tant du Viel que du Nouveau Testament, ne sont pas faites d'hier, ni d'aujourd'hui, et ne peuvent estre que fort anciennes.

Pour la version arabique qui est jointe à la Cophte, ce qu'elle est sans points diacritiques n'est pas un argument de l'antiquité de l'escriture. Car, au contraire, les plus anciens sont tousjours les plus diligemment et plus exactement escrits, avec les points et les voyelles. Mais ordinairement ils obmettoient lesdits points ès escrits connus et vulgaires, comme sont les évangiles, qui se doivent sçavoir par cœur par ceux qui font le mestier de les dire, et lire tous les jours.

Je n'ai point encore eu le loisir de voir si vostre *Ebenbitar* sera plus ample que celui d'Hollande, n'aiant fait que voyager ça et là, depuis que je suis en ce pays, et mesme depuis que je l'ai receu, je n'ai pas demeuré une heure à la maison, ains tousjours esté par voye et par chemin. Neantmoins en le parcourant, je n'y ai rien trouvé de Theophraste, qui ne soit dans l'aultre, qui est peu de chose. Pour le Dioscoride, il y est tout entier inséré.

Je n'oserois vous importuner davantage de vostre grammaire et dictionnaire cophte. J'attendrai que vous l'aiés fait transcrire par vostre Turc. Je vouldrois que vous eussiés un dictionnaire Persan et Turc, qui est à Leyde très bien escrit et avec tous les points et voyelles, où plusieurs noms Persans des simples sont expliqués. Or, tous les noms dont les Arabes se servent pour les simples, du moins une grande partie sont d'origine persienne. Il y a longtems que M. Golius et moi cherchons un homme qui entende le Turc pour nous servir de truchement. Il en a gardé un longtems pour cet effet. Mais il ne se pouvoit faire entendre, ne sçachant ni Flamand ni François. Je fais estat d'aller bientost en Bourgogne pour y passer l'hyver (1), et là, j'achèverai ma milice, et si j'ai vostre grammaire cophte, je poursuivrai mon Egyptien avec vostre nouveau testament.

Il se trouve dans les bibliothèques d'Italie un livre intitulé τακτικὰ Οὐρβικίου, duquel il nous est resté un fragment, qui traite des ordres et en expose seulement les noms. Cet auteur vivoit du temps, et par le commandement dudit empereur avoit mis au jour et interprété un livre d'Hadrian, l'empereur, qui traitoit de la milice (2). Quelques-uns mesme l'attribuoient à Trajan, et voici le titre que j'en ai

---

(1) Saumaise passa non-seulement l'hiver, mais la plus grande partie de l'année à Dijon avec sa famille. Il était encore en France (à Dieppe) à la fin de 1636, le 22 décembre.

Voir, à l'*Appendice*, une lettre sous cette date à Jacques du Puy (n° XVI).

(2) L'empereur Hadrien n'a jamais composé un traité de la milice.

trouvé dans un ancien M^s, sur un épigramme fait à la louange d'Urbicius (1), et de son ouvrage : Εἰς βίβλον τακτικὴ. Ὑρβικίου ἀπὸ ὑπάτων. Ἦν δὲ ἡ βίβλος ποίημα Ἀδριανοῦ βασιλέως, ἢ, ὡς ἄλλοι τοῖς, Τραϊανοῦ Καίσαρος. En ce tems là la milice romaine a esté en son plus grand lustre, et bien différente de ce qu'elle estoit du tems de la République, et de la forme qu'elle a eu sous l'empire grec. Cet auteur, à ce que dit l'épigramme, traitoit pleinement de tous ces changemens, et de toutes les formes des bataillons usitées en l'ancienne milice et en la moderne. Je ne me promets pas tant de bien et de bonheur, que de le pouvoir rencontrer avant que d'avoir mis la dernière main à mon œuvre. Cependant il éclairciroit une infinité de choses, que je ne vois qu'à tastons. Je les vois bien pour moi ; mais j'aurai peine de les persuader à d'autres, tant elles sembleront paradoxes. Nous avons dans les livres de la bibliothèque quelques chapitres des Κεστοί de Julius Africanus, concernant l'art militaire. Mais le malheur a voulu qu'il n'en est demeuré que trois ou quatre, où le catalogue en promet plus de trente.

Le *Strategicon* de Mauricius (2) est pareillement imparfait. Les tactiques de Léon (3) sont corrom-

---

(1) On m'excusera de n'avoir rien à dire sur cet Urbicius. Son nom manque à tous les recueils bibliographiques que j'ai pu consulter, car je ne suppose pas qu'on puisse l'identifier avec ce Lollius, surnommé *Urbicus*, qui écrivit une histoire de son temps citée par Lampride.

(2) Il s'agit là du traité en douze livres sur l'art militaire composé par l'empereur Maurice, né en 539 de l'ère chrétienne et mort en 602. Ce traité est intitulé Στρατηγικὰ.

(3) L'empereur Léon, né en 865, mort en 911, a laissé une exposi-

pucs, et ne traitent que de la milice de leur temps,
qui ne faisoit plus estat que de la cavalerie. Ce
qui a trompé le pauvre Franciscus Patricius (1),
qui a pris ce qu'il en a escrit, comme s'il eust parlé
de l'infanterie.

Je vous envoye l'*Oricius* de la musique de
M. Golius, et les *Fasti danici* de M. Elichman,
desquels je vous parlois dans ma dernière, avec
une lettre dudit sieur Golius, pour faire tenir à son
frère le Célestin (2). Tout cela estoit dans un coffre
demeuré à Dieppe, et qui est arrivé longtems
après moi, qui est la cause que vous l'aurés receu
si tard. Je finirai comme j'ai commencé, en vous
rendant mille grâces et vous assurant de vouloir
estre toute ma vie,

    Monsieur,

        Vostre très humble et très obéissant
        serviteur,

            SAUMAISE.

A Grigny (3), 7 novembre 1635 (4).

---

tion abrégée des règles de l'art militaire : τῶν ἐν πολέμοις τακτικῶ·
σύντομος παράδοσις.

(1) François Patrice (Patrizio) vécut au xve siècle. Il naquit à
Sienne et fut évêque de Gaète. Il est l'auteur de deux traités : *de
Regno et Regis institutione* (1519) et *de Reipublicæ institutione* (1531).
Voir le *Dictionnaire critique* de Bayle.

(2) Pierre Golius, frère aîné de Jacques, fut lui aussi un arabisant
distingué. Voir un curieux article sur lui dans le *Moréri*.

(3) Aujourd'hui commune du département de Seine-et-Oise, arrondissement de Corbeil, canton de Longjumeau, à 29 kilomètres de
Versailles. Le beau-père de Saumaise, Josias Mercier, sieur des
Bordes, y possédait une maison de campagne. Saumaise et sa femme
y passèrent plusieurs années et ce fut là que fut achevé le grand ouvrage sur Pline et sur Solin.

(4) *Ibid.*, fo 175, vo.

VI

Monsieur,

Je ne vous fis pas la response toute entière par le dernier courier, à cause du tems qui me pressoit, et crainte aussi de vous tant ennuyer pour un coup. Ce que je laissai à vous dire estoit sur le sujet du catalogue que vous m'avés envoyé des auteurs militaires, qui se trouvoient dans la bibliothèque du seigneur Pinelli (1). Je vous dirai avant toute œuvre, que si j'avois quelque espérance de pouvoir recouvrer les *Tactica d'Urbicius*, je differerois volontiers l'ouvrage que j'ai en main, afin de le rendre plus complet et plus parfait. Ce que j'espérerois par la lecture de cet auteur, duquel je me promets beaucoup, s'il est vrai, qu'il a traité cette matière, comme l'épigramme grecque, qui a esté fait en sa recommandation, nous le fait entendre. Encore que je ne doute point, que Mauricius, en son *Strategicon*, n'ait pris tout plein des choses de cet auteur; veu mesme qu'il le cite en un endroit, et en rapporte un chapitre tout entier. Le mal est que ce Mauricius est imparfait en tous les M^s que j'ai vùs. Comme il estoit aussi dans les livres de Pinel-

---

(1) Jean-Vincent Pinelli, un des plus fervents et des plus savants bibliophiles de l'Italie, naquit à Naples en 1535 et mourut en 1601. On a dit que la bibliothèque qu'il forma était la plus belle qu'aucun particulier ait jamais possédée. Pinelli fut aussi un des premiers amis de Peiresc, qui devait tant ressembler. toute sa vie, à ce libéral et zélé collectionneur. Voir sur les relations de Pinelli et de Peiresc le récit de Gassendi (p. 30-31).

lus, qui remarque que le commencement du 3ᵉ livre
manquoit au sien, et qui pouvoit estre suppléé par
celui de Peruse. Car celui du Vatican a le mesme
manquement, comme aussi celui de la bibliothèque
du Roy. C'est le meilleur auteur que nous ayons
des derniers Grecs qui ont escrit de cette matière,
et tout ce qu'il en a, il l'a indubitablement pris des
anciens, principalement des Romains, ainsi que le
tesmoignent tous les termes, dont il se sert, qui sont
purs latins. *Mane sta, depone dextra, depone sinis-
tra,* et ainsi des aultres.

Mais cela n'est encore rien au prix de l'envie que
j'ai de pouvoir voir ces 69 chapitres qui sont dans
l'indice que vous m'avés envoyé sous le titre d'Anonyme, dont le premier est: Περὶ ὁπλίσεως, et le dernier, περὶ φυλακῶν. Or, je vous avise que tous ces
chapitres sont d'Africanus, comme le montre le
livre de la Bibliothèque, qui a un index de tous ces
chapitres avec cette inscription : τάδε ἔνεστιν ἐκ τῶν τοῦ
Ἀφρικανοῦ Κεστῶν. Après l'index suivent quelques
XII chapitres entiers jusques au douziesme, qui n'est
pas parfait; après lequel suit une grande lacune
jusques à la fin du chap. LXIV qui n'a point de
commencement. Que tous ces chapitres ne soient
d'Africanus, je n'en fais aucun doute, non-seulement à cause du titre, qui le dit, mais aussi par le
style. Dans les chapitres qui manquent, il traitoit
d'excellentes choses, et excellemment, ainsi que je
le puis juger par ce peu qui nous en reste dans le
livre du Roy. Car dans son premier, περὶ ὁπλίσεως,
il rend les raisons pourquoi les Romains n'ontjamais
pû venir à bout des Perses, et néantmoins sont

aisément venus à bout des Macédoniens, lesquels
Macédoniens, néantmoins, ont toujours battu les
Perses. Au LXVI chapitre, il traite περὶ τῶν τῆς
φάλαγγος ἀποτομῶν. Et au LXVII περὶ συστροφῆς τῆς ἴλης
λεγομένης Σκυθικῆς, d'où j'ai tiré beaucoup de lumière
pour la tactique des Romains. En ceux qui manquent au Livre de la Bibliothèque du Roy, il y auroit encore matière d'un bien plus grand éclaircissement :

Περὶ τοξείας.

Περὶ τοῦ πῶς δεῖ ἰσχυρῶς βάλλειν et d'autres qui suivent.
Dans vostre catalogue, il n'est point marqué qu'il y
ait aucun défaut de ces LXIX chapitres dans le livre
de Pinellus ; c'est pourquoi je désirerois infiniment,
s'il y avoit moïen, de pouvoir recouvrer le supplé-
ment de ce qui manque au livre du Roy.

M. l'Archevesque de Thoulouse (1) aiant sceu
mon dessein, me fit dire par M. du Puy qu'il avoit
ces auteurs tactiques grecs, et que volontiers il
m'en aideroit, si je voulois. Je l'ai pris au mot, et
lui en ai fait porter la parole, et la prise par M. des
Cordes (2). Mais comme ce fust deux jours seule-

---

(1) C'était alors Charles de Montchal, qui siégea de 1627 à 1651,
et qui devait avoir pour successeur un prélat encore plus lettré que
lui, Pierre de Marca. Charles de Montchal fut très lié avec Peiresc,
et il aura une place dans la galerie où je voudrais réunir les plus
célèbres correspondants de ce grand homme. Voir d'intéressantes
pages de M. Léopold Delisle (*Cabinet des Manuscrits*, tome I, p. 271.
tome II, p. 271-276) sur la collection des manuscrits de l'archevêque
de Toulouse et sur le projet qu'avait le président Bouhier d'acheter
cette collection.

(2) Jean de Cordes naquit en 1570 à Limoges, où il obtint un ca-
nonicat ; il mourut à Paris en 1642. Ce fut un très érudit bibliophile.
Gabriel Naudé fit imprimer (Paris, in-4°, 1643) le Catalogue de la

ment avant mon départ, je n'ai sceu voir depuis ledit sieur des Cordes, ni en sçavoir la response.

Vous ne scauriés croire quelles et combien grandes fautes et erreurs nos antiquaires ont commis en cette partie de l'antiquité, qui me semble la plus importante de toutes, et qui sert le plus à l'intelligence des auteurs, tant grecs que latins, et principalement les historiens. Ce qui me fait résoudre à traiter cette matière à plein fonds, et ne rien laisser en arrière qui peusse désirer de l'éclaircissement, veu qu'il s'y rencontre tant de paradoxes, qu'il faut vérifier et confirmer. Ce qui ne se peut faire sans beaucoup de tesmoignages bien exprès, tirés des auteurs anciens.

Cette façon, en premier lieu, de former les bataillons et faire les ordres de la bataille si différente de la nostre, a fait croire à tous nos antiquaires, que tout ce qu'en a escrit Végèce, n'estoit que des fables faites à plaisir, et des pures imaginations. Cependant je suis très assuré, que ce qu'il en a dit n'est pas de son crû ains des écrivains qu'il a compilés et qui sont par lui nommés : Caton, Cornelius Celsus, Frontinus et Paternus. Ce qui va jusques au temps de Trajan et d'Hadrian. Et c'est la milice de ce tems là, que nostre Urbicius avoit rédigée par escrit sur les mémoires ou commentaires d'Hadrian ou plutost de Trajan, ainsi que d'autres

---

belle bibliothèque de l'abbé de Cordes, et mit en tête l'éloge du collectionneur, accompagné des *testimonia* de plusieurs illustres savants. Le même bibliographe rappelle dans le *Mascurat* (p. 253) que « la bibliothèque du sieur des Cordes, chanoine de Limoges, a servi de base et de fondement à celle du cardinal Mazarin.»

estimoient, comme en parle celui qui a fait le titre de l'épigramme composé à sa louange. J'en montrerai la conformité dans mon escrit, qui vous devra plus qu'à personne du monde, et ne sera enrichi que de vos despouilles. Comme tout le reste de l'estude que je fais aujourd'hui, n'est fondé que sur vos grâces et vos libéralités, en ce qui regarde les langues orientales. Mais c'est assés pour ce coup. Je suis,

Monsieur,

Vostre très humble et très obéissant serviteur,

SAUMAISE.

A Dijon, ce 7 janvier 1636 (1).

VII

Monsieur,

Estant de retour des champs où j'estois allé faire compagnie à mon père en une maison qu'il a à huit lieues d'ici, et à une de Beaune, le lendemain de Quasimodo, j'ai trouvé vos deux lettres, celle du 18 du mois passé et l'autre du 1er du courant qui m'attendoient au logis avec vostre volume Cophte, avec la préface de saint Mathieu qui manquoit en vostre volume des évangiles en mesme langue. Ce qui a esté cause, que la response que vous deviés

---

(1) *Ibid.*, f° 176, v°.

recevoir au mesme tems, que les vostres m'ont esté
rendues, sera retardée d'autant. Je m'en prens à
mon peu de prévoyance qui ne donna pas ordre en
partant de cette ville, à celui qui gardoit le logis
de m'envoyer par homme exprès s'il me venoit
quelque despesche de Paris ou d'ailleurs. Mais je
ne croyois pas qu'il me dût rien venir de vostre
part, qui méritast une prompte response ; et d'ailleurs je ne pensois pas que mon père dust faire si
long sesjour à la campagne, comme il a fait. Car il
faisoit estat de retourner la mesme semaine, quant
il partit de cette ville, n'y estant allé que pour y
conduire un mien frère, qui avoit esté malade céans
tout l'hyver.

Pour ce qui est des peines militaires, selon la
discipline des Romains, j'en ai traité fort au long
dans mon premier livre où j'ai discouru de la discipline, laquelle je sépare d'avec l'art. Et comme j'ai
divisé tout l'ouvrage en deux parties, qui sont la
discipline et la science, ou l'art militaire, je donne
la plus grande part à la discipline, et en fais mon
premier livre, et je montre que les Romains ont plus
fait par cette discipline, exactement et rigoureuse-
ment observée que par la science, de laquelle ils
n'ont eu que bien tard connoissance et l'ont prise
des Grecs, ne tenant la discipline que d'eux-mesmes.
Or, vous sçavés que les peines et les récompenses
sont de cette discipline. J'en ai laissé le traité à
Grigny, n'aiant ici apporté avec moi, que l'endroit
sur lequel je travaillois, qui estoit l'art militaire,
encore n'y ai-je pas beaucoup fait, m'estant amusé
à transcrire tout le *Mauricius*, l'*Affricanus* et

l'*Asclepiodotus* (1), et conférer les Tactiques de
Léon, d'autant que ce sont livres escrits à la main,
lesquels je ne pouvois pas avoir en Hollande, je ne
vous puis donc rien dire de particulier à présent,
pour ce qui est des châtimens. Si j'eusse eu ici
mon traité, je vous l'eusse volontiers envoyé pour
voir ce que j'en ai remarqué. Je vous puis bien som-
mairement cotter que selon l'usance des Romains,
soit devant l'empire, soit après, que la rigueur
estoit fort grande, touchant ceux qui avoient entrepris de garder une place, et la laissoient prendre
ou surprendre, quoiqu'ils prouvassent leur fait estre
exempt de toute trahison. A celui qui avoit commis
une telle lascheté, combien qu'il ne fust accusé et
convaincu que de coüardise, il n'y alloit que de la
vie. Ce qui ne doit pas sembler estrange selon leur
forme, puisque la mesme punition de la vie estoit
ordonnée pour ceux qui avoient lasché le pied pour
quitter leur rang à l'heure du combat, n'estant
permis à personne d'en sortir que pour l'une de
ces deux causes, si un de leurs compagnons et con-
citoyens estoit en danger de sa vie, et qu'il le
fallust sauver, ou pour reprendre et ramasser ses
armes, qui lui seroient cheutes des mains dans
l'ardeur de la bataille par cas fortuit ou autrement.
Or, la loi estoit formelle pour ceux à qui on avoit
commis la garde d'une place, où la trahison n'est

---

(1) On conserve à la Bibliothèque Nationale, comme à la Bibliothèque
du Vatican et à la Bibliothèque Impériale de Vienne, un manuscrit
sur la Tactique attribué à un Asclépiodote, auteur dont on ne sait
absolument rien. Ce manuscrit est encore inédit.

pas seulement sujette et soumise à la peine de mort,
mais aussi la simple reddition. Les mots en sont
dans le Mauricius, et après lui, dans le Léon : Εἴ τις
παραφυλακὴν πόγεως, ἢ κάστρου πιστευθείς, τοῦτο..... C'est
ainsi qu'il faut lire dans le grec, ἢ παρὰ γνώμην τοῦ
ἄρχοντος αὐτοῦ ἐκεῖθεν ἀναχωρήσῃ ἐσχάτῃ τιμωρίᾳ ὑποβληθήσεται.
Et je crois que nous en usons aussi de mesme en
nostre milice. Ce que je fonde sur un argument assés
preignant (1). Si celui qui tient bon dans une place
qui n'est point tenable, est punissable de mort par
celui qui la prend sur lui de force, sans que le chef
du parti qu'il deffendoit, puisse trouver ce chasti-
ment illicite et illégitime ; je dis qu'au contraire, et
par identité de raison, celui qui rend une bonne
place, où il pouvoit tenir plus longtemps, doit estre
puni par ceux qui la lui avoient baillée en garde, et
qu'il n'en peut autrement respondre, que de la
teste.

Quelques-uns de nostre tems ont voulu persuader
aux généraux d'armées, que la couardise, qui
semble estre un vice naturel, n'estoit point punissable de mort, qu'avec trop de rigueur. Car, disent-
ils, puisqu'un homme se trouve né avec cette disposition naturelle, pourquoi le chastier si rudement
d'une chose, dont il ne peut estre le maistre, son
inclination le portant avec violence contre ce qu'il
sçait estre de son devoir ? Mais si cela avoit lieu,
il ne se trouveroit point de crime qui ne recherchast

---

(1) Violent, pressant. C'est un mot souvent employé au xvi⁰ siècle
et que l'on retrouve encore dans les *Mémoires* de Saint-Simon.

son excuse dans telles et semblables allégations.
Le larron diroit qu'il a une telle inclination à dérober, et si naturellement empreinte, qu'il ne s'en peut corriger; ainsi des autres. J'ai vû un gentilhomme de cette province, qui prenoit partout où il se trouvoit, et chés ses meilleurs amis mesme, tout ce qui lui venoit sous la main. Lorsqu'on le surprenoit, il tournoit le tout en risée, et confessoit ingénuement que lorsqu'il mettoit la main sur quelque chose mal mise à point, comme gants, frèzes, rabats, mouchoirs et autres bagatelles, qui se peuvent mettre dans la poche, qu'il avoit un tel plaisir, qu'il sentoit un certain chatoüillement qui lui prenoit au bout des doigts, et s'écouloit par les parties prochaines, et tout le corps ensuitte jusques au cœur. Ne sert donc rien à dire que la poltronnerie est naturelle, et partant qu'elle n'est point punissable de mort. Car ceux qui se sentent atteints et entachés de ce vice, ne se doivent point mesler du mestier des armes; il y a prou d'autres mestiers qui mettent à couvert les poltrons. Et pour revenir à nostre sujet, celui à qui on baille une place forte et d'importance à garder et à deffendre, ne la doit pas prendre s'il ne se sent pas capable de la pouvoir tenir tant qu'elle sera tenable, autrement il a sa teste pour en respondre. Il n'y a que les circonstances qui peuvent éluder la loy.

Je trouve aussi que le jugement de ces messieurs de Nanci est assés mal conforme à l'ancienne pratique romaine des chastimens militaires; ayant premièrement fait honnir d'un soufflet par la main du bourreau, celui auquel ils faisoient trancher la teste. L'ignominie et la mort sont deux peines différentes. Où la mort estoit donnée pour peine, comme c'est le plus grand et dernier des supplices, il n'y eschéoit point d'autre ignominie que celle qu'emporte cette mort, qui n'est que trop ignominieuse à celui qui la souffre pour son forfait. Or, selon la discipline des Romains, quand l'ignominie estoit ordonnée pour peine, la mort n'y estoit jamais ajoutée.

Quelques-uns de nostre tems ont tenu que toutes les peines militaires estoient arbitraires. Je ne le crois pas ainsi. Cela est bon, quand c'est le souverain ou le généralissime, qui a tout pouvoir du souverain, qui les impose, comme estoient les généraux romains, les consuls ou proconsuls. Mais si les tribuns jugeoient d'une peine militaire ou les légats du général, il leur falloit la loy, et ne point excéder ce qui estoit porté par les ordonnances militaires. Pour le souverain, il peut amoindrir la peine, et la remettre tout-à-fait et faire grâce; comme j'ai veu en Hollande le prince, qui a un pouvoir absolu sur la milice, pardonner au gouverneur d'Argenteau, place fort importante pour Mastrich, et laquelle il avoit rendue à la première sommation de l'ennemi, la pouvant garder plus d'un mois contre tout l'effort qu'on eust peu lui faire.

Je m'estonne que dans nostre droit, au titre de *re militari*, ni dans le Digeste, ni dans le code, il n'est point parlé de ceux qui sont en garnison dans une place, où ils commandent, et la rendent plustost qu'ils ne doivent. Cela vient de ce que les anciens ne s'amusoient guère à fortiffier des places, ni à tenir bon dans des places fortes. Ils tenoient toujours la campagne, et leur fort estoit leur camp. Aussi l'estat de la milice est tout-à-fait changé. Ce n'est pas qu'ils ne fissent force petits *Castella* tout à l'entour de leur camp et sur des hauts lieux. Mais ce n'estoit ordinairement que pour leur servir de guettes (1) ou de vedettes et ne s'oppiniastroien pas fort à les garder. Et à bien prendre les paroles de Mauricius, elles se doivent plustost entendre de trahison, que de simple reddition, soit que nous lisions πιρχδώσι ou προδώτη. Les loix militaires des Russes n'en font non plus de mention. Mais comme nous faisons la guerre aujourd'hui, où nous mettons tous nos avantages en la garde des places fortes, je tiens que ce cas est capital, veu l'importance qu'il y a, que ces places soient deffendues jusques au bout. Voilà ce que je vous puis dire sur ce que je n'ai griffonné qu'à la haste, m'estant trouvé empesché de tout plein de divertissemens, lorsque je me suis voulu mettre à vous faire response.

J'ai receu vostre volume des Liturgies dont je vous remercie très humblement, comme aussi celui des animaux, il n'y a que trois jours. A ce que j'en ai desjà pu voir, il traite exactement cette matière, jusques à marquer les noms et surnoms divers, que les Arabes donnent aux oiseaux et aux animaux

---

(1) C'est le vieux mot *gaite* de la *Chronique* de Villehardoin et du *Roman de la Rose*. Nous employons encore familièrement cette forme féminine du mot *Guet* en cette locution : un chien de bonne *guette*.

et les pluriers des singuliers, les diminutifs et autres petites observations grammaticales. Je vous ai une merveilleuse obligation de ce qu'il vous a pleu m'en faire part. Mon père vous salue très humblement, comme font aussi Mrs Lantin (1) et du May (2). Je ne sçais si vos responses me trouveront encore ici. J'ai desjà esté mandé par deux fois. Mon père me retient le plus qu'il peut. Il faudra néantmoins faire voile bientost, puisque je l'ai ainsi promis. Les trois mois que j'avois pris se sont estendus jusques à sept ; je ne sçaurois plus estre en demeure.

Je suis,

Monsieur,

Vostre très humble et très obéissant serviteur,

SAUMAISE.

A Dijon, ce 13 avril 1636 (3).

---

(1) Jean-Baptiste Lantin naquit à Chalon-sur-Saône, le 13 décembre 1572, devint conseiller au Parlement de Dijon, le 15 février 1608, et mourut le 15 décembre 1652. Le *Moréri* nous apprend que « J.-B. Lantin ayant été député en 1635 à Aix pour une procédure criminelle, il y acquit l'amitié du célèbre Peiresc, avec qui il eut toujours un commerce de lettres. »

(2) Paul du May, seigneur de Saint-Aubin, naquit à Toulouse en août 1635, fut reçu conseiller au Parlement de Dijon le 4 mai 1611 et mourut dans la capitale de la Bourgogne le 29 décembre 1645. Voir la liste de ses œuvres dans la *Bibliothèque* de l'abbé Papillon (tome I., p. 186-187). Paul du May ne fut pas seulement un des correspondants de Peiresc, mais encore un des correspondants de Joseph Scaliger et de Pierre Gassendi.

(3) *Ibid.*, f° 177.

VIII

Monsieur,

Recevant vos dernières, je croyois que ce fust la response aux miennes, où je vous mandois ce qui m'avoit pù tomber en mémoire touchant les peines militaires de ceux qui auroient trop laschement rendu une p.ace d'importance confiée à leur garde. Mais en la lisant j'ai reconnu que ce ne l'estoit pas, et que vous ne les aviés point encore reçeues. Je serois estonné de ce retardement, si M. de Rossy (1) ne m'en avoit escrit la cause, qui est la mesme, qui empesche que je ne vous puisse respondre le mesme jour, que les vostres me sont rendues, et faut attendre à la huitaine, parce que le mesme jour que vostre postillon arrive, le nostre part de cette ville, et avec cela, ils rendent les lettres si tard, qu'il est mesme parti avant qu'elles soient rendues. Je vous ai escrit par mes dernières comme j'avois vostre volume Cophte, et vostre livre des animaux, et vous en remercie.

Je ne croyois pas faire tant de sesjour en ce lieu. Si je l'eusse bien sceu, je pouvois conférer une bonne partie de vostre Syncellus. Mais je vous jure qu'il y a près de deux mois que je pense partir tous les huit jours. On me remet de huitaine en huitaine.

---

(1) M. de Rossy habitait la ville de Lyon. Il est souvent question de lui dans la correspondance de Peiresc, avec lequel il avait d'excellentes relations.

Ceux qui me tiennent ainsi le bec en l'eau sont des puissances, ausquelles je n'oserois désobéir. Cependant je suis pressé de m'en retourner en mon pays de Hollande, et en ai desjà receu lettres par lettres. Pendant cette incertitude de ce que je deviendrai, je ne suis pas capable d'arrester mon esprit à une seule sorte d'estude.

Pour ma milice, qui employoit mes meilleures heures, je l'ai pendue au croc, jusques à ce que je désespère tout-à-fait de rien avoir du costé d'Italie. Il me fascheroit de publier mon ouvrage, et de laisser en arrière quelque chose que je n'aurois point veu, qui pouroit aprester à d'autres, matière de faire mieux et de me reprendre en ce que j'aurois fait. Cela seroit suffisant de me faire revivre après ma mort de despit (1). Cette affaire donc se recommande à vostre bonne merci et miséricorde. Je vous renvoye pour cet effect les indices que vous avés tirés de la bibliothèque de feu M. Pinelli. Surtout je désirerois avoir ce qui manque au *Mauricius* et aux chapitres de *Julius Africanus* et le livre d'*Urbicius*. Voilà bien des gens. Cependant si je ne les recouvre par vostre moien, personne ne peut me les faire recouvrer. M. l'archevesque de Thoulouse m'avoit fait faire offre des siens. Mais comme je lui en fis parler après par M. des Cordes,

---

(1) Remarquables paroles dans lesquelles il faut voir, non une mesquine vanité, mais bien une noble fierté, la fierté du véritable savant, jaloux de laisser un ouvrage complet aussi voisin que possible de la perfection et en état de braver l'examen des plus redoutables critiques de l'avenir.

je n'eus autre response sinon qu'ils estoient à Thoulouse, ce qui a fait que je n'ai pas creu l'en devoir importuner davantage.

Je me suis amusé cependant à conférer vostre nouveau testament Cophte ; lequel j'ai trouvé fort conforme avec un très ancien Mˢ de la bibliothèque du Roy, escrit en lettres capitales, tant pour le texte varié en assez d'endroits des éditions, que pour les sections et divisions, tant des chapitres que des versets, qui sont tout autrement distingués, que dans les éditions vulgaires. Je ne trouve point entre les versions orientales, aucune qui soit meilleure que la Cophte et la Latine. Mais il la faut pescher dans les anciens escrits à la main, et je suis après d'en rencontrer quelqu'un qui soit de bonne marque. Car je vois que nos gens s'équivoquent souvent, quand citant la version vulgaire, ils nous allèguent ce qui est imprimé, pour montrer qu'il n'est pas conforme au grec. S'ils avoient veu les vieux exemplaires, ils n'en parleroient pas comme cela. J'ai reconnu cela par un eschantillon des épistres de saint Paul, de la bibliothèque de Mʳˢ du Puy, grecques et latines, qui sont d'une très haute et très vénérable antiquité. Or, c'est la mesme version que nous avons ; mais diverse en beaucoup de lieux, en ce qu'elle approche tout à fait du texte grec, et ne s'en esloigne jamais.

Si le reste du Nouveau Testament se pouvoit rencontrer en langage Cophte, ce seroit un grand plaisir pour moi. J'ai reconnu que ces Cophtes ont eu plus d'une version. Car celle dont s'est servi l'auteur de vostre vocabulaire Cophte, semble différente de celle que j'ai eue par vostre moien.

Nous tirerons quelque petit coup de fleuret, le sieur Heinsius (1) et moi, sur quelques passages difficiles du Nouveau Testament, en l'explication desquels il se fait tout blanc de son espée, comme si lui seul les avoit entendus, comme est celui ὑσσώπῳ περιθέντες de saint Jean, ou il corrige, ὀισύπῳ. En quoi il se trompe fort lourdement, comme en tous les aultres, où il a voulu innover et se despartir de l'interprétation des Pères. Je vous en entretiendrai une autre fois plus au long. On me mande de Hollande qu'il a enfin donné aux imprimeurs son Nouveau Testament (2).

Je vous remercie au reste de la description de ce nouvel animal, venu du fond de l'Ethiopie, dont il vous a plu me faire part. Il seroit bien difficile de vous pouvoir dire précisément sous quel nom il a esté connu par les anciens. Mais si j'osois, je pourois assés librement asseurer qu'il ne peut estre pris, que pour un asne sauvage, qui estoit un animal fort fresquent dans les déserts de l'Arabie, et de l'Ethiopie. Ses oreilles d'asne, sa teste de mulet et sa croupe tesmoignent assés qu'il ne peut passer sous un autre nom, ni sous autre genre. Ces rayeures tiennent aussi de l'asne. Pour les cornes, si j'avois ici mes livres, je vous pourois faire voir

---

(1) Daniel Heinsius, né à Gand en 1580 ou 1581, mort en 1655, eut diverses très vives querelles avec Saumaise, et ce ne fut pas, pour me servir de la métaphore trop adoucie de ce dernier, à *petits coups de fleuret* que se battirent les deux ardents adversaires.

(2) *Sacrarum exercitationum ad Novum Testamentum libri* xx (Leyde, Elzevier, 1639, in-f°).

des tesmoignages d'auteurs qui asseurent qu'il y a des asnes avec des cornes. Si je ne me trompe, Strabon en fait mention et le géographe arabe. Mais je n'ose vous respondre de ma mémoire. Il a trop de marques d'un asne, pour estre effacées par la seule considération des cornes, puisque nous voyons des animaux sous un mesme genre, les uns sans cornes, les autres avec des cornes, comme des chèvres dont il y a une espèce que les latins appellent *Mutilas*, et nos Bourguignons *chèvres masles*, qui ont le lait meilleur que les aultres. Voilà donc pour vostre animal sans nom.

Pour ce qui est de l'Alzeron (1) je n'en ai rien leu, et vostre auteur arabe n'en fait point de mention. Je suis néantmoins des vostres, qu'il faut que ce soit un bœuf sauvage de ce pays-là. La licorne mesme est une espèce de bœuf, ou pour mieux dire, il y a des bœufs unicornes, ainsi que nous l'atteste Strabon et d'autres anciens.

Pour la table de marbre, dont vous m'avés envoyé la figure, je tascherai d'en tirer ce qui s'en poura. Mais il faudra bien resver dessus, et il faut attendre que j'aye l'esprit un peu plus en repos. Je n'ai pas veu la réplique faite à Chifflet (2) sur l'*Acia* de

---

(1) Cet animal est appelé *Alzaron* dans la correspondance de Peiresc où il occupe une très grande place. Voir la description qu'en fait Gassendi, sous l'année 1639 (p. 422-423).

(2) Le médecin Jean-Jacques Chifflet, né à Besançon en 1588, mort en 1660, un des plus féconds érudits du XVIIe siècle, venait de publier : *Acia Cornelii Celsi, propriæ significationi restituta, Alphonsus Nunnoz, regius archiator defensus* (Anvers, 1633, in-4°). La question de l'*Acia* a été traitée dans d'innombrables dissertations. Je me garderai bien d'essayer de les énumérer et je me contenterai de renvoyer

Celsus. Il a baillé beau jeu aux répliquants. Je l'ai faite aussi, mais elle est ensevelie dans mon commentaire de *Re Vestiaria*, dont toutefois je le pourai tirer et desterrer, quand je voudrai, pour la faire voir séparément !

J'oubliois à vous dire que vostre auteur arabe fait mention de l'asne sauvage, qu'il appelle [ici un mot en caractères arabes] mais il ne lui donne point de cornes ; aussi ne descrit-il point sa forme. Je vous présente ici les très humbles baisemains de mon Père. M. Lantin n'est pas à la ville. Sitost qu'il sera de retour, je lui ferai les vostres. Je suis,

Monsieur,

Vostre très humble et très obéissant serviteur,

SAUMAISE.

A Dijon, ce xi may 1636 (1).

IX

Monsieur,

J'ai receu trois de vos lettres en mesme temps, quoique de différentes dattes du 9, du 10 et du 26 du mois passé. Les deux dernières sont venues par la mesme poste qui arriva dimanche, l'autre huit jours auparavant, que j'ai trouvée avec les deux

---

à l'histoire de la discussion retracée par Gassendi, sous l'année 1635 (p. 437-438).

(1) *Ibid.*, fo 179.

plus nouvelles, estant retourné des champs où j'étois allé pour quelques jours. Je vous ferai donc response suivant l'ordre de vos lettres, et vous dirai premièrement pour la première qui commence par la nouvelle que M. du May vous a fait sçavoir du commandement qu'eut M. le Prince, de m'arrester en France avec une honorable pension (1), que je serois marri que vous l'eussiés apprise d'un autre que de moi, et je serois sans excuse envers vous, de ne vous l'avoir point confiée, si je n'avois eu en mesme temps qu'on m'en a fait parler, exprès commandement de n'en rien dire à personne, non pas mesme à mon père, ni à ma femme. C'est pourquoi je m'estonne que celui qui m'a porté cette parole de la part du prince, avec injonction de ne la pas divulguer, soit le premier à la mander au loin. M. le Prince mesme, lorsque je prins congé de lui, il y a douze jours, me commanda de la tenir secrette. Tout cela néantmoins ne m'auroit point empesché de vous la communiquer, si je l'eusse tenue aussi asseurée, comme M. du May vous l'a fait entendre. Par toutes ces belles promesses, je me trouve à présent, comme on dit, entre deux selles, le cul à terre (2). J'ai eu recharge sur recharge de Mrs les

---

(1) Henri de Bourbon, prince de Condé, gouverneur de Bourgogne, avait obtenu de la Cour que l'on donnerait à Saumaise la même pension de 3,600 livres qui avait été accordée à Grotius, lorsqu'il se retira de Hollande en France.

(2) M. Littré (*Dictionnaire de la Langue française*) a rappelé que cette expression a été employée, au XVe siècle, par un historien, Georges Chastelain (*Chronique des ducs de Bourgogne*). M. Le Roux de Lincy (*Le Livre des Proverbes français*, édition de 1859, tome II, p. 180) nous fait remonter beaucoup plus haut, car il cite, d'après un

curateurs de m'en retourner, en me donnant avis
certain, que le mal contagieux estoit tout à fait
passé et cessé à Leyden. Et certes, ils n'ont que
trop de raison de blasmer ma trop longue demeure
en ce pays ; veu que je n'avois congé que pour
trois mois, et en voici tantost neuf d'expirés et
l'année sera révolue avant que je puisse estre de
retour. Sans M. le Prince, il y a plus de deux mois
que je serois hors d'ici, et voici comment, affin que
vous scachiés tous les tenants et aboutissants de
cette affaire, qui ne m'a peu tenu en cervelle, pour
l'incertitude, où j'estois du parti, que je devois
prendre et sur les difficultés qui s'offroient à
prendre ou à refuser.

La veille de Pasque Fleurie ledit seigneur prince
me vint voir et en sortant me demanda si j'estois
tout de bon résolu de retourner en Hollande. Je lui
fis response, qu'oui. Trois jours après il m'envoya le
sieur du May, qui est de ses favoris, me faire offrir
tout plein de grands avantages, si je voulois en-

---

manuscrit du xiiie siècle, ce dicton : « entre deux selles chiet on
à terre). Le même érudit reproduit (p. 181) cette citation du *Gargan-
tua* de Rabelais (livre I, chapitre XI) : « entre deux selles le cul à
terre. » Complétons l'histoire de la pittoresque locution en emprun-
tant au *Dictionnaire de Trévoux* les indications que voici : « Madame
de Montmorenci a illustré en quelque façon un proverbe fort trivial,
qu'elle amène avec beaucoup de justesse dans l'exemple suivant tiré
de la première partie des Nouvelles Lettres de Bussy, p. 526. La
pauvre comtesse du Plessis est fort fâchée que son mari ne l'ait pas
laissée duchesse. Il est bien dur pour elle de voir sa belle-mère aujourd'hui et un jour sa belle-fille avec le tabouret, et demeurer ains
ce qu'on appelle entre deux selles le cul à terre. La lettre est du 20
août 1672. On rapporte, p. 93 du tome II du *Menagiana* de l'édition
de 1715, un pareil mot de Madame de Coaquen, de qui la sœur aînée
était duchesse, et qui voyant qu'on mariait encore sa cadette à un
duc, dit : « Me voilà donc entre deux selles le cul à terre. »

tendre à me laisser instruire. Je ne lui pouvois respondre autre chose, que ce que j'ai tousjours fait à ceux qui m'ont tenu ce mesme langage. Quelques jours après, ce prince me manda et me dit qu'il estoit bien fasché de ce que je n'avois pas voulu accepter les offres, qu'il m'avoit fait faire par le sieur du May; que néantmoins il ne laissoit de me procurer une honneste pension, pour me faire demeurer en France et sans aucune condition ; qu'il scavoit bien que je n'estois pas homme à qui on dust prescrire. Car peu auparavant il m'avoit fait dire qu'il me feroit avoir pension, pourveu que je voulusse entrer en quelque conférence pour la religion, ce que je n'avois pas voulu accorder. Néantmoins que j'estois prest de respondre, et rendre raison de ma religion à quiconque me la demanderoit, soit de bouche, soit par escrit. Mais que je ne voulois point que les grattiffications qu'on me feroit, fussent conditionnées. Qu'au reste, si j'entendois à quelque conférence, que je ne l'accepterois jamais que par escrit et qu'en ce cas là, ils n'y trouveroient pas leur compte, ni moi le mien. Car cela m'obligeroit à escrire des choses qui leur déplairoient et me feroient à la fin priver des grâces qu'ils me vouloient procurer. Ce fut donc sur cela qu'il me dit que ce seroit sans condition que cette pension me devoit estre assignée; qu'il scavoit les intentions de M. le Cardinal (1); qu'il lui en escriroit par le

---

(1) On a prétendu qu'en l'année 1640, le cardinal de Richelieu, apprenant que Saumaise, qui se rendait à Dijon à l'occasion de la mort de son père, venait d'arriver à Paris, lui fit offrir par M. de Chavi-

premier ordinaire ; et que j'aurois la response huit jours après ; cependant que je ne bougeasse de cette ville. Car je lui avois dit que j'estois pressé de partir pour Paris. Ces huit jours sont devenus huit semaines, et n'ai point encore cette réponse. Il y a douze jours comme il partit pour son expédition du Comté, je fus prendre congé de lui, et le prier que je pûsse aller à Paris, à cause de quelques affaires importantes que j'y avois, ce qu'il me permit et m'assûra de plus que mon affaire se feroit au premier jour. Je n'entens rien en tout cela, et ne scais à quoi tendent ces longueurs, si ce n'est qu'ils me veulent faire perdre le certain pour l'incertain, et prendre celui-ci pour celui-là.

Voilà au vrai toute l'histoire de cette belle affaire, de laquelle je vous eusse fait participant avant tout autre, comme celui du monde qui m'honore le plus

---

gny, secrétaire d'Etat, 12,000 livres de pension, s'il voulait renoncer à la Hollande ; que le grand érudit fut séduit par cette grosse somme, mais qu'ayant su de M. de Chavigny qu'il travaillerait pour ce prix à l'histoire du cardinal, il aurait fièrement répondu qu'il n'était pas homme à sacrifier sa plume à la flatterie, et que, sans vouloir rien entendre de plus, il avait continué son voyage en Bourgogne. Tout ce récit me paraît bien douteux. Ce qui semble plus sûr, c'est que, comme l'atteste Guy Patin (Lettre à Spon, du 21 octobre 1644), le cardinal Mazarin « voulut faire revenir M. Saumaise en France, » et cela « sans aucune condition ni restriction. » Le spirituel docteur ajoute que Saumaise devait toucher « six mille livres de pension annuelle, à prendre sur l'élection de Paris. » Puisque j'ai cité Guy Patin, profitons d'une autre de ses lettres, celle du 16 novembre 1643, pour rectifier une erreur de Papillon disant (p. 252) : « Ses affaires domestiques l'obligèrent d'y rester (en Bourgogne) jusqu'à la fin de 1645. » Deux ans plus tôt, Guy Patin écrivait à Spon : Le bon M. Saumaise est parti le 4 de ce mois (novembre) pour Hollande : *utinam felici cursu naviget !* » Le 14 septembre précédent, Patin avait annoncé à son correspondant lyonnais que Saumaise était à Paris. L'erreur de Papillon a passé dans le *Moréri*.

de son affection. Si la certitude m'en eust semblé
telle, qu'elle eust peu me satisfaire et rendre aussi
mes amis satisfaits de mon contentement. Tout ce
que j'y ai gagné, c'est de faire mon voyage au
milieu des plus grandes chaleurs, avec une femme
et des petits enfants, que j'eusse bien plus commo-
dement fait sur le commencement du printemps,
comme je l'avois destiné.

J'ai receu, avec vos premières, par l'huissier de
ce Parlement, qui retournoit de vos quartiers, les
desseins de la colomne d'Antonin; dont je vous
rends mille grâces et voudrois bien qu'il vous eust
pleu me mander ce que vous en avés payé au
peintre, affin de vous faire rembourser. Il me grève
fort de voir que vous preniés tant de peine pour
moi, et qu'outre cela, il y aille encore du vostre.
Cela me fera une aultre fois moins hardi à vous
requérir et importuner pour telles choses. Je ne
suis riche que de vos despouilles, et ce que je
mettrai doresnavant au jour, devroit porter en
front, plus méritoirement vostre nom que le mien.
J'ai esté bien aise d'y voir ces corselets faits à
écailles, qui ne sont point dans celle de Trajan, ce
qui éclaircit bien la différence, que marquent les
Grecs entre θώρακας λεπιδωτούς, et ἀλυσιδωτούς, laquelle
n'a esté expliquée par nos critiques, qu'à demi.

Vous m'avés aussi infiniment obligé en m'envoyant
le petit extrait du commencement et de la fin des
deux principaux autheurs que je désirois le plus.
Quant à celui d'*Urbicius*, je vois bien, par ce qu'il
contient, que ce ne peut pas estre si grande chose,
que ce que je m'estois imaginé. Ce n'est pas pour-

tant ce fragment que nous avons imprimé, qui ne peut contenir au plus qu'une moitié de page in-folio, qui commence par ces mots : ἰστέον δὲ ὅτι, et finit par ceux-ci : ὁ δέ γε τοῦ παντὸς στρατοῦ ἡγεμόνων βασιλεύς. Celui qui se trouve en Italie, à ce que je vois, ne sera pas autre chose que celui que Francis-cus Pithœus (1) avoit remarqué dans son indice des auteurs de *Re militari qui in Italia asservantur*, qui commençoit, ainsi que M. Rigaut (2) l'observe sur son Onosander, par ces paroles : τὸ πλῆτος, etc. Je désespère maintenant que jamais l'Urbicius en-tier se puisse recouvrer.

Ce qui me confirme en ma première opinion, que le *Mauricius* que nous avons, a tout pris ce qu'il a escrit de l'Urbicius, ce qui a esté cause en partie de faire perdre l'escrit dudit Urbicius. Car ce mesme Mauricius en raporte un fragment sur la fin de son œuvre, et ce qu'il le nomme seulement en cet endroit là, est qu'il traite d'un stratagème, et d'une invention forgée par Urbicius où tout le reste de son ouvrage estoit compilé des auteurs plus anciens, et principalement Romains. Car tous les mots des factions et motions militaires, sont latins. Le mal est qu'ils manquent en quelques endroits, et sont fort corrompus en d'autres, et M. Rigault s'est fort trompé en les alléguant aussi

---

(1) François Pithou, frère de Pierre Pithou, naquit à Troyes le 3 septembre 1593 et y mourut le 25 janvier 1621.
(2) Nicolas Rigault, né à Paris en 1577, mourut à Toul en août 1654. Ce critique fut un des correspondants de Peiresc, et je publierai les lettres qu'il lui écrivit comme celles qu'il en reçut.

bien que le scholiaste Grec, qui a voulu les rendre
en sa langue, et les a mis à la marge de son exemplaire. Comme au commencement du 3ᵉ livre dans
le Mˢ Grec du Roy, il est escrit en lettres latines,
au chapitre, où il traite des exercices et motions
militaires, *in qual terra abulat* : Celui qui a escrit
le livre, met en la marge, pour expliquer ce mot :
ἐν ποία γῇ περιπατεῖ, comme s'il avoit leu : *in quali
terra ambulat*. Ce qui est fort impertinent, et hors
de propos, estant certain qu'il faut lire : *æqualiter
ambulate*. C'est le premier précepte qu'on donnoit
aux soldats, lorsqu'on les rangeoit en bataille, de
marcher esgalement et d'un mesme pas; ce que le
grec dit : ἴσως περιπατεῖν, qui est en latin *æqualiter
ambulare*. Tous les autres préceptes, qui sont
conceus en latin, sont quasi corrompus, mais il
m'a esté facile de les corriger par la chose mesme,
et par le grec, sans qu'il soit besoin d'avoir recours
aux exemplaires d'Italie.

Il me suffira, si l'on peut avoir ce qui manque
dans ledit livre du Roy, comme le commencement
de ce 3ᵉ livre, jusques à ce mot: Ἔστι δὲ καὶ ἡ καθ' ἑαυτὴν
τοῦ τάγματος γυμνασία αὐτη avec la figure qui s'y trouvera, et la fin du onziesme au 3ᵉ chapitre, qui finit
par ces mots : Μάλιστα ἐν ὅσῳ ἐν συνηθείᾳ τοῦ ἔθνους ὁ
στρατηγός. Ce chapitre n'est pas entier; il le faudra
donc suppléer du Ms. d'Italie, et ensuite deux
autres chapitres qui manquent à ce mesme livre :
Πῶς δεῖ ἁρμόζεσθαι τοῖς ξανθοῖς ἔθνεσιν, οἷον Φράγγοις. Λογγοβάρ-
δοις, etc., et l'autre : Πῶς δεῖ Σηλίγοις, καὶ Ἄνταις, καὶ τοῖς
τοιούτοιθ'ἁρμόζεσθαι· dans le livre qui suit, qui est le
douziesme, au chapitre XIV: Ποίας δεῖ κινήσεις γυμνάζεσθαι

τοῖς πεζοῖς, il y a force corruptions de mots latins que j'ai aisément restitués, comme ΣΙΛΕΝΤΙΩ ΜΑΝΔΑΤ, ΚΑΒΕΤΕ ΝΕ ΒΟΣΤΟΥΡΒΕΤΙΣ au lieu qu'il faut lire : *Silentio mandata facite, ne vos turbetis*. Au chapitre XVI du mesme livre, il y a quantité de lacunes, et tous les préceptes latins y manquent, que j'ai pareillement restablis par conjectures, mais j'estimerois l'affaire plus seure, si on les pouvoit remplir d'un vieux exemplaire, et principalement de celui qui est escrit en parchemin, car ce doit estre le plus ancien. Dans ce chapitre partout où il y a παραγγέλλει, suit immédiatement le précepte, conceu en termes latins, qui manque partout dans l'exemplaire du Roy. Ce chapitre est de grande importance et nous apprend toutes les notions de la milice de Rome, et les termes tels qu'ils estoient en usage du temps de Trajan et d'Hadrian, et mesme des premiers Empereurs.

Pour ce qui est de *l'Anonymus*, qui est sans point de doute, nostre *Africanus*, je me suis fort resjoui de reconnoistre par vostre mémoire, que les principaux chapitres, qui traitent des ordres, y sont conservés; c'est tout ce qui est le plus important pour la milice dans ces LXIX chapitres. Vous me ferés donc la grace, s'il vous plaist, de me faire transcrire ces XII chapitres, qui se trouvent de l'Anonyme, depuis ce qui reste du chapitre VIII jusques à la fin du XI, comme aussi le fragment d'Urbicius avant cela. Je n'aurais plus après rien à désirer touchant les autheurs anciens qui ont escrit de la milice.

L'Africanus est du bon siècle, et qui a fort bien

entendu tant la milice grecque, que la romaine.

Je vous remercie de vos caractères de l'inscription d'Hérode, qui n'ont pas, comme vous dites, esté bien faits, et je me contenterois plus d'avoir toute l'inscription, imitée au plus près d'une bonne main, en moindre calibre.

Je viens à vos inscriptions Egyptiennes, ou Grecques Talismaniques. Celle de vostre *Æmathites* a esté faite et gravée pour la guérison de toute femme hystérique et travaillée du mal de matrice, qui n'estoit pas en son lieu, et les mots grecs le portent clairement ΤΑΣΣΟΝ ΤΗΝ ΜΗΤΡΑ ΤΗΣ ΔΕΙΝΑ, etc. *Toi qui remets et restablis en son lieu le cercle du soleil, remets pareillement la matrice de cette femme* τασσόν pour τασσί. Ce qui est un Dorisme, ou Æolisme, si je ne me trompe, comme εἰπόν pour εἰπί. En voici donc la vraye interprétation : *Pone matricem illius N... mulieris in locum suum, qui cydum solis, vel circulum scilicet, in suum locum ponis, restituis.* Par le serpent, qui forme un cercle, et se mord la queue, ils ont figuré le tour que fait le soleil en son circuit annuel. Les sept voyelles grecques, qui sont enfermées dans ce cercle serpentin, n'ont point d'autre mystère, ce me semble, sinon que comme ces voyelles sont placées chacune en son lieu, de mesme la matrice disloquée et desbauchée de cette femme, soit remise en son lieu. Ces trois figures de Déités prodigieuses qui sont soustenues et supportées par la matrice sont des figures de *Decani* ou *Horoscopes*, qui avoient des influences historiques. Car suivant l'Astrologie des Egyptiens, il n'y avoit point de nativité qui n'eust pour Horoscope un *Decanus*. Chaque signe du zodiaque estoit divisé en trois parties, chaque partie en dix, qui s'appelloient Δικανοί. C'estoit trente Δικανοί pour chaque signe.

Ce mot ne vient pas du grec numéral Δέκα, ainsi que nos gens se sont persuadés, ains de l'Egyptien ΔΕΚΑΝ, qui signifie figure ou effigie. Les Grecs qui ont escrit et traité de l'astronomie des Egyptiens les nomment πρόσωπα, les juifs *Phenim*, qui a la mesme signification et les Arabes .....(1) qui est le mesme que πρόσωπα. Ces *Decani* estoient des figures estranges, selon les influences qu'elles causoient, et comme nous les trouvons dans les graveures anciennes des Talismans Egyptiens. Ces trois figures donc de vostre *Æmathites* en sont, ils sont décrits par leurs noms, avec toutes leurs vertus, puissances et influences dans les auteurs Grecs. Firmicus ne les avoit pas oubliées en sa *Sphœra Barbarica* ou *Ægyptiaca* (2). Mais les noms y sont demeurés fort corrompus. Je les ai plus corrects des auteurs grecs et principalement d'*Hephæstion Thebanus* (3). Vostre Χνοῦμις en est un avec sa ter-

---

(1) Le mot arabe, suivant une note de la présente copie, est à la page 560 du livre de Saumaise : *De annis climatericis et antiqua astrologia diatribæ* (Leyde, Elzevier, 1648 in-8ʼ).

(2) Julius Firmicus Maternus, qui vivait au commencement de IVᵉ siècle de notre ère, composa un traité de mathématiques en huit livres qui a été publié pour la première fois à Venise en 1497. On paraît l'avoir à tort confondu avec l'auteur du *De errore profanarum Religionum*, lequel était chrétien, tandis que l'astronome était manifestement païen.

(3) C'était un grammairien qui vivait vers 150 après J.-C. et qui fut le précepteur d'Elius Verus. Il est l'auteur de *l'Enchiridion* publié pour la première fois à Florence en 1526.

minaison grecque. Car les Egyptiens disoient ΧΝΟΥΜΙ, et Héphœstion le nomme ainsi. Comme ΙΣΙ, que les Grecs ont fait ΙΣΙΣ, et ΟΥΣΙΡΙ, *id est Liber*, chès les Grecs Ὅσιρις. ΙΣΙ signifie femme pour ΙΣΣΑ. Le Χνοῦμις est aussi un nom de *Decanus* dans l'Héphœstion, et différent de Χνοῦμις. Le ΒΡΡΩΦΙ de mesme et le ΣΕΜΕΣΕΙΛΑΝ, et le ΜΙΕΚΑΙΡΕΙ, et le ΕΥΙΕΝΑΛΙΜ. Si j'avois ici mon Héphœstion, je vous aurois bientost éclairci de tout cela.

Pour l'exposition de ces appellations, je ne suis pas assés bon Cophte, pour les expliquer, excepté de quelques uns comme un *Decanus*, qui préside aux nativités des hommes grossiers, rudes et ignorans. Je ne me souviens plus en quel signe il le met et l'appelle ΑΤΕΜΙ, qui signifie sans *science* ou *sans intelligence* et *sans jugement*. Pour vostre ΟΡΩΡΙΟΥΘ, je tiens aussi que c'est le nom d'un *Decanus*. Ils les appeloient encore κραταιοὺς θεούς, et ὡροσκόπους θεούς, comme Dieux, qui présidoient aux Nativités. Car, comme j'ai dit, il ne s'en trouvoit pas une qui n'eust un *Decanus Horoscopant*, excepté ceux qui naissoient entre deux signes, *qui nascebantur* ἐν μεσεμβολήματι. Mais ceux-là estoient de tout point malheureux, et ne venoient jamais à bien.

Pour ce qui est de ΟΡΗΙΟΥΘ, je l'ai veu ainsi gravé dans une pierre verte qui est de M. Bourdelot, (1) qui est le mesme comme ΟΡΩΡΙΟΥΘ. Car

---

(1) Il s'agit là de Jean Bourdelot, avocat au Parlement de Paris, maître des requêtes de la reine Marie de Médicis, mort à Paris en 1638. C'était un érudit et un collectionneur. Ainsi que son neveu Pierre

vostre grammairien arabe remarque en un chapitre
où il traite du changement de voyelles les unes
avec les autres, que l'Ω et l'H se changent souvent
l'une en l'autre, et allègue pour exemple que ΦΩΤ
et ΦΗΤ, signifient la mesme chose.

Je n'ai pas moyen du lieu où je suis, de vous
envoyer les appellations anciennes, que les Egyptiens donnoient aux Astérismes qui mesme n'a-
voient pas laissé sans nom les douze heures du
jour. Je n'ai rien apporté en France, ni de mes
papiers, ni de mes écrits; ains ai tout laissé à
Leyde, comme celui qui avoit, et a encore inten-
tion d'y retourner.

Et pour la mesme raison je ne puis à présent
vous faire part de ce que j'ai remarqué *sur les couleurs*, que j'avois dessein de mettre en un traité à
part après mes commentaires *de Re Vestiaria* (1)
quand je serai de retour en mon estude, je m'en
entretiendrai avec vous et serai bien aise d'estre
aidé de vos curieuses recherches et belles observations sur ce sujet. Vous ne trouverés pas mauvais
la règle dont je me sers pour discerner les couleurs
principales et primitives, d'avec celles qui ne le
sont pas; n'estant pas de l'avis de ceux qui excluent
de ce nombre celles qui sont composées comme la

Michon, plus connu sous le nom de l'abbé Bourdelot, il fut en correspondance avec Peiresc. L'oncle et le neveu figureront dans une des
publications qui suivront celle-ci.

(1) Saumaise ne fit jamais paraître ni ses commentaires *De re
vestiaria*, ni son *Traité des Couleurs*, mais Papillon signale (p.269),
parmi les ouvrages manuscrits de son compatriote qui étaient chez
M. de La Mare, des notes intitulées : *Varia de vestibus et coloribus.*

pourpre qui est meslé du rouge et du bleu. Je vous en dirai mes raisons quelque jour. Je ne puis estre non plus de l'opinion de nos Blasonneurs d'armoiries, qui veulent que le pourpre ne soit ni couleur, ni métail. Car il faut qu'elle soit l'un ou l'autre. Elle n'est pas métail. Elle est donc couleur. Ils se fondent sur une raison, que si c'estoit couleur, elle n'admettroit point une autre couleur sur soi, mais ils se trompent elle ne laisse pas d'estre au nombre des couleurs, mais à cause de son éminence sur les autres couleurs, elle a ce privilége d'estre mise sur couleur, aussi bien que sur métail sans qu'il y ait vice en l'Armoirie. Nos jurisconsultes pour mesme raison n'ont pas voulu que *versicolorium nomine purpura comprehenderetur*. Par *versicoloria* ils entendent toutes étoffes teintes, excepté de pourpre, qui ne passe point pour couleur simple, à cause de sa prééminence et prérogative sur les autres. C'est par là qu'ils le debvoient prendre; non pas de la censer aux genres des métaux, ce qui ne peut estre.

Je vous renvoye vostre traité *de Acia*, puisque c'est l'original. Il cite force allégations et autorités ; m.. toutes modernes. Je traite bien autrement les sutures et des Fibules, suivant les autheurs grecs anciens. *Acia* ne vient pas d'*Acus* ; mais du grec ancien Αχιά, qui est du fil à coudre. Ἀχεῖσθαι, est coudre ; Αχισθής, un couturier ; Ἀχίστρια, une couturière qui refait des habits rompus ; et Αχιά, le filet ; d'où est venu le latin *Acia*, comme *foria de stercore liquido ex* φορειά ; et ainsi plusieurs autres.

Quand je serai un peu plus de repos et de loisir,
que je ne suis, je vous envoyerai aussi des échan-
tillons de ce que j'ai observé sur le Nouveau-
Testament. Il ne se peut croire les grandes variétés
qui se trouvent dans le Saint-Luc, et dans les Actes
des apostres. Il y a une version latine du vieil et
du nouveau, escrite sous le règne de Louis-le-
Débonnaire, qui est en la librairie du Roy, que j'ai
trouvée différente de la vulgaire, en plusieurs
endroits. Je ne sçais si j'aurai le tems de conférer la version du nouveau. M^rs les Curateurs
me pressent, il y a plus de deux mois, de retourner.

Pour vostre nouvel animal, comme vous me
l'aviés dépeint par vos premières, avec les oreilles
d'asne, la teste et la croupe de mulet, j'estimois
qu'il pouvoit passer pour un asne, veu que je vous
puis donner des tesmoignages des anciens qui ont
connu des asnes cornus en ces contrées là. Mais
puisqu'il a des marques aussi, qui le peuvent faire
prendre pour un bœuf; je vous avoüe qu'on le
peut réduire sous ce genre.

Si vous m'escrivés, je vous prie que ce soit à
Paris, car je fais estat de partir cette semaine, Dieu
aidant pour y aller. Mon père et M. Lantin vous
baisent très humblement les mains. J'ai baillé les
inscriptions arabesques à M. du May. Lorsque vous
m'escrivistes que vous les lui envoyiés, je croyois
que ce fust sous son enveloppe; et ne m'avisai pas
de regarder dans le volume cophte, où je les ai
trouvées, et où elles s'estoient plaquées contre la
couverture entre icelle et la première feuille,

qu'après que vous m'en avés eu donné advis. Je suis,

Monsieur,

Vostre très humble et très obéissant serviteur,

Saumaise.

A Dijon, ce 9 juin 1636 (1).

X

Monsieur,

Vos dernières me furent rendues à Dijon, comme j'estois à la veille de mon despart, ce qui fut cause que je ne pùs vous faire response, ni accuser la réception du paquet des livres, que vous m'avés envoyés. Car je partis pour venir ici peu de jours après, lesquels j'employai à faire mes adieux. Or, ayant mis depuis près de quinze jours en mon voyage, pour avoir séjourné en passant en quelques maisons de mes parens qui demeurent sur le chemin, je ne suis arrivé en cette ville que la semaine passée, et ne sçai pas encore quel séjour j'y ferai. Après quelques affaires faites, j'espère de reprendre le chemin de Hollande, quelque apparence qu'on m'ait peu faire concevoir d'estre arresté ici, pour le peu d'asseurance, que je vois à me fier aux promesses des grands.

Jusques ici, pour le peu de temps qu'il y a que

---

(1) Ibid., f° 181.

je suis arrivé, et pour les occupations que j'ai eues
en cette ville, je n'ai pu travailler après la collation
de vostre Syncellus (1). Mais je fais estat de l'emporter à Grigny où je dois retourner en bref,
et y avancer ce que je pourrai, car je crains fort
que je ne puisse tout faire, à cause de mon retour qui me presse, si je veux gagner le bon tems,
pour passer la mer dans la saison commode et
moins sujette aux grands vents et aux grandes ma-
rées.

Pour vos livres arabes, que vous m'avés envoyés
les derniers, je les porterai moi-mesme, et je les
rendrai à Mr Golius, en main propre. C'est tout ce
que je vous puis dire pour le présent. Je vous ai
prié quelques fois d'excuser mes trop longues
lettres, qui est le vice où je tombe le plus souvent.
Mais à présent vous serés supplié de prendre la
brièveté de cette ci, qui ne peut estre qu'affamée (1),
veu le peu de loisir que j'ai pour la grossir davantage, et respondre à tous les points de la vostre dernière. Ce que je ferai, Dieu aidant par la première
commodité, quand je serai plus en repos. Cependant
conservés-moi toujours l'honneur de vos bonnes

---

(1) Georges le Syncelle, historien grec du VIIe siècle, a laissé une
Chronographie qui s'étend du commencement du monde jusqu'à l'an
284 de J.-C., et qui a été continuée jusqu'en 813 par Théophane l'I-
saurien. Voir sur les travaux relatifs au Syncelle, demandés par Peiresc à Saumaise, les *Lettres de J.-J. Bouchard*, qui forment le vᵒ III
de la série de documents publiés sous le titre général de : *Les Correspondants de Peiresc.*

(2) C'est-à-dire maigre comme une personne qui aurait été longtemps affamée.

grâces, et me tenés pour celui qui est véritable-
ment,

　　　Monsieur,

　　　　　　Vostre très humble et très obéissant
　　　　　　serviteur,

　　　　　　　　　　SAUMAISE.

A Paris, ce 16 juillet 1636 (1).

XI

Monsieur,

J'ai reconnu par la vostre du 22 de juillet que
vous n'aviés pas receu une grande lettre, que je
vous escrivis environ deux semaines avant mon
départ de Dijon, par laquelle je vous faisois une
response assés ample sur vos pierres gravées
égyptiennes, touchant le ΚΝΟΥΜΙΣ, et le ΟΡΩΡΠΟΥΘ,
et les autres noms des *Decani* ou figures du Zodiaque, ainsi appelées par les Astrologues dudit
pays. Par la mesme lettre je vous mandois ce que
je désirois faire conférer du *Mauricius* particulièrement, et vous priois aussi de me faire transcrire
tous les chapitres de l'*Africanus*, dont vous m'aviés
envoyé le catalogue. Ce qui a causé sa perte est le
changement d'adresse, et pensant vous le faire
tenir suivant l'ordre que vous en aviés donné, il est
arrivé que vous ne l'avez point receue tout à fait ;
de quoi je suis infiniment fasché. J'envoyai sçavoir

---

(1) *Ibid.*, f° 185.

du maistre de nos courriers pour Provence, si en lui paiant le port par avance, ils me la voudroient faire porter droit à Aix, sans s'arrester à Lyon, ce qu'il me promit, et aussi je lui envoyai ma lettre et de l'argent pour se payer du port, qu'il jugeroit raisonnable de prendre. J'en suis plus marri pour la response que je faisois à vos demandes, que pour ce que je désirois de vous, touchant la conférence du *Mauricius*, encore qu'elle m'importe assés pour le dessein que j'ai, et pour lequel avancer, j'ai eu trois recharges consécutives de M. le Prince d'Orange, par les lettres de M. Rivet (1). Je pourois encore vous faire sçavoir ce que j'ai besoin de me faire collationner de *Mauricius*, si je l'avois en main à présent. Mais il est dans le balot de mes livres, qui est demeuré à Grigny, et que je n'ai sceu faire venir.

Je vous remercie du soin que vous avés tousjours de contenter mes curiosités, et comme elles sont

---

(1) André Rivet, né à Saint-Maixent en 1573, était depuis 1620 en Hollande, où il occupa une chaire de théologie à Leyde (jusqu'en 1632) et où il fut ensuite curateur du collège de Bréda. Il mourut dans cette ville en janvier 1651. C'était un grand ami de Saumaise. L'on conserve à Leyde la correspondance de ce dernier avec le gouverneur de Guillaume d'Orange, correspondance qui roule principalement sur des sujets théologiques. D'autre part, la Bibliothèque Nationale possède 61 lettres originales de Rivet à Saumaise (1633-1648) fonds français, vol. 3929). Rappelons enfin que dans les lettres de Conrart à Rivet, publiées par MM. R. Kerviler et Ed. de Barthélemy (*Valentin Conrart. Sa vie et sa correspondance*. Paris, 1881 in-8), il est fort souvent question de Saumaise. Je citerai, entre autres passages, ce passage d'une lettre du 25 octobre 1647 (p. 389) : Pour M. de Saumaise, c'est son ordinaire de faire des livres plus tôt que des lettres. Tout ce qu'il fait ne peut estre que très bon, à cause de son grand savoir ; mais il serait pourtant à souhaiter qu'il s'attachast en quelques matières importantes et qu'il en fist des pièces de longue haleine. »

insatiables, vostre courtoisie se montre infatigable ;
où je ne puis rien apporter de mon costé qui me
descharge de la moindre obligation d'un million que
je vous ai, voire de plusieurs millions.

J'ai commencé à conférer le *Syncellus* avec la
copie que vous avés envoyée, et y travaillerai
tant que les occupations que j'ai me le permettront,
et le tems qui me reste à demeurer en France. Si
je n'achéve pendant ce tems là, qui sera fort court,
ne faisant pas estat d'estre encore ici plus de
quinze jours à tout rompre, je ferai en sorte de
l'emporter avec moi jusques au premier port de
mer, où je pourrai faire séjour, peut-estre plus que
je ne voudrai, attendant le vent favorable et un
vaisseau. Enfin, Monsieur, je ferai le possible et
l'impossible pour vous rendre cet ouvrage-là
achevé. Les fautes n'y sont pas bien fréquentes.
Mais il s'y en trouve d'importantes, et ausquelles
la conjecture ne pourroit pas remédier. Au reste
ce qui haste si fort mon voyage est une jussion
que j'ai receue de M^{rs} les Curateurs, qui m'enjoi-
gnent de retourner incontiment. Je vous en envoye
la copie.

Quand à ce que vous dés'reriés avoir quelques-
unes de mes remarques sur le Nouveau Testament,
il est impossible à présent que je vous en fasse
voir aucunes, à cause que je n'ai pas mes livres
ici, et lesquels sont tous emballés avec le reste de
mes hardes pour partir au plustost. Mais sitost que
je serai de retour à Leyde, je vous promets de vous
donner toute satisfaction sur ce sujet.

On m'escrit de Leyde, que les notes d'Heinsius

sont commencées d'imprimer in-folio, et que l'impression en sera très belle. M. Golius a fait imprimer l'histoire de Tamerlan (1). Je vous ferai aussi avoir incontinent après mon retour aux Pays-Bas, les *Excerpta ex veteribus musicis latinis*, qui se trouvent dans les bibliothèques d'Angleterre. Je n'ai pas le loisir de vous la faire plus longue, et finirai en protestant d'estre à jamais,

Monsieur,

Vostre très humble et très obéissant serviteur,

SAUMAISE.

A Paris, ce 1er aoust 1636 (2).

XII

Monsieur,

Le jour mesme que la vostre du 5e d'aoust me fust rendue, j'achevai la collation de vostre Syncellus, et l'ai rendu dès devant hier à M. de Saint-Sauveur, pour vous le renvoyer. Ce n'est pas ma faute que vous ne l'ayez plustost eu, et n'ai jamais eu d'autre dessein que de vous rendre satisfait sur ce sujet, avant que de retourner en Hollande. C'est pourquoi je suis fasché de ce que vous employés tant de supplications à l'endroit d'une per-

---

(1) Cette édit:.. de l'histoire de Tamerlan par Ibn-Arabschah fut publiée sous ce titre : *Ahmedis Arabsiadæ vita et rerum gestarum Timari, qui vulgo Tamerlanes dicitur historia.* (Leyde, 1636, in-4o).

(2) *Ibid.*, fo 185.

sonne qui vous est si fort acquise, comme si elle
estoit la plus mesconnoissante et la plus ingratte
du monde, des plaisirs qu'elle a receu de vous.
Pardonnés-moi si je vous dis que c'est me faire
tort, que de douter de l'affection que j'ai à vostre
service. Je pensois vous estre mieux connu. Quand
je vous promis de la collationner, je pris en
mesme tems la résolution de la faire à quelque
prix que ce fust, voire à passer exprès l'hyver en
cette ville, s'il en eust esté besoin, et si je n'eusse
peu en venir à bout aultrement, comme celui, qui
en toutes choses, jusques aux plus petites, n'a rien
en plus grande recommandation, que de tenir ce
qu'il promet. Mon dessein estoit, si mon voyage
eust esté davantage pressé, d'emporter avec moi le
M⁵ jusques au premier port, où il me faudra peut-
estre attendre le vent et un vaisseau, six semaines
ou deux mois. Ce que M. Rigaut m'eust facilement permis (1), et au cas que le vent m'eust néces-
sité de partir, dès le lendemain de mon arrivée,
sans le congé de M. Rigaut, le livre eust passé la
mer avec moi. M. le Prince a esté cause de ce que
je l'ai fait si tard, il m'a retenu deux mois entiers à
Dijon, à me remettre de courrier en courrier, que
j'aurois la response qu'il attendoit pour me faire

---

(1) Nicolas Rigault resta garde de la bibliothèque du Roi jusqu'en
juin 1645. Il n'aurait pu refuser à Saumaise la permission dont parle
celui-ci, car le grand érudit bourguignon l'avait autrefois aidé (avant
1622) à rédiger le catalogue des Manuscrits arabes, grecs, hébreux et
latins de la Bibliothèque du Roi, catalogue qui valut une gratification
de 3,000 livres au futur conseiller au Parlement de Metz. (Voir M.
Léopold Delisle, le *Cabinet des Manuscrits*, tome I, p. 199.)

demeurer en France. Encore avec cela, si j'avois
sceu qu'il n'y avoit que le *Syncellus* à conférer, je
l'eusse fait venir à Dijon. Mais j'ai tousjours creu
que tout ce qui est dans le M^s du Roy en debvoit
estre, c'est-à-dire le *Theophanes* et le *Léon* grammairien qui continuent le *Syncellus*, qui sont trois
fois aussi gros, et pour lesquels collationner il
m'eust bien falu près de deux mois à ne faire autre
chose. Dès que j'eus veu la copie chés M. du Puy,
je me la fis apporter en mon logis, et envoyai
quérir le M^s du Roy. Je l'ai conféré aussi diligemment qu'il m'a esté possible. Mais je n'ai remarqué
que les fautes qu'a faites le copiste en le transcri-
vant. Le M^s, quoi qu'ancien, en est tout plein, dont
les unes sont assés légères pour la pluspart et ai-
sées à corriger; les autres, qui sont en plus petit
nombre, donneroient de la peine à un aultre qu'à
M. Bouchard (1). Je n'ai pû me tenir d'en marquer
quelques-unes en marge, mais fort peu, de peur
de les *præripere* à celui qui les verra aussi bien ou
mieux que moi. Le copiste, au reste, a mieux réussi
que je ne pensois. Il falloit néantmoins le collationner, et M. Bouchard le jugera ainsi. Ne me remer-
ciés point de la peine que j'y ai prise, car elle ne
la vaut pas, et puis je n'y ai pas perdu mon tems.
Je l'avois leu et en avois fait des extraits. Mais vous
sçavés que c'est une bonne façon de lire un autheur
et de le bien mettre en sa mémoire, que de le con-

---

(1) Je demande la faveur de renvoyer, en ce qui regarde Bouchard
à la notice qui précède ses *Lettres inédites* à Peiresc déjà citées. On
voit que Saumaise n'hésite pas à reconnaître l'habileté de son confrère
en hellénisme.

férer. C'est à moi plustost à vous faire des remerciemens, de ce que par vostre moien j'en ai mieux fait mon profit que je n'avois fait la première fois, que je me mis à l'extraire.

Je me resjouis de la bonne nouvelle dont il vous a pleu me faire part, touchant ces trois belles bibliothèques où vous aurés entrée.

Pour l'animal ethiopique, je n'en ai rien trouvé dans vostre auteur arabe ; pour cela, il faudroit sçavoir son nom. Je crois vous avoir mandé, comme je l'avois veu en cette ville. Après l'avoir bien considéré, je suis demeuré ferme en la première opinion, que j'avois conceue sur la description qu'il vous plut m'en faire bien au long, que c'est un asne sauvage et cornu comme les anciens les font. Je vous en fournirai des tesmoignages, lorsque je serai près de mes livres. Cependant je demeurerai pour jamais,

Monsieur,

Vostre très humble etc.

SAUMAISE

A Paris, ce 16 aoust 1636.

P. S. — Je vous prie de m'envoyer le Gadagnole dont je vous ai parlé. Un honneste homme de Suisse sort de céans, qui m'a appris le secret de l'ambassade suisse, qui est allé trouver M. le Prince, qui est que nous l'avons moyennée pour faire lever le siège honnestement ; ce qui m'a semblé assés croyable, et digne de vous estre communiqué. Il m'en a dit les particularités (1).

_____

(1) _Ibid._, fo 187.

XIII

Monsieur,

J'ai receu vos épitres de saint Paul cophtes, et me trouvai chés M. du Puy mardy dernier, comme on les lui apporta. Je vous en remercie. Je n'ai que ce mot à dire à toutes les obligations qui me rendent vostre redevable. Aussi n'est-ce pas un mot qui paye, mais qui tesmoigne seulement l'acceptation du bien fait et la bonne volonté de celui qui le reçoit, à ne pas estre ingrat s'il le pouvoit. Je ne vois pourtant pas de moyen de ne le pas estre envers vous. Pour ne pas faire banqueroute, il ne faut devoir que bien peu. Ceux qui sont chargés des grandes dettes, vont le grand chemin du bonnet vert (1). Je le cours en grande haste, et y arriverai plustost que pas un de vos aultres débiteurs, d'aultant que je suis plus engagé tout seul, que tous ensemble. Pour m'y faire aller tant plustost, j'attens l'*Urbicius* et les chapitres de l'*Africanus*. Il faut sortir de cette milice avant que nous ayons la paix; autrement elle ne seroit plus de saison.

Je suis bien aise que vous ayés receu la lettre que je croyois égarée ou perdue, qui faisoit response à vos inscriptions et figures Talismaniques Egyptiennes. Et pour me confirmer en la solution que

---

(1) Je n'ai pas besoin d'expliquer cette locution que rendent si claire pour tout le monde un vers d'une satire de Boileau et un vers d'une fable de La Fontaine.

je vous en avois donnée, je voulus revoir un ancien M⁵ Grec de la Bibliothèque, que je me souvenois y avoir veu aultresfois. Dans ce traité, les noms des *Decani* ne sont pas Egyptiens, ains Chaldeens et escrits mesme en charactères Hébraïques corrompus. Au lieu que le premier *Decanus* du signe de Belier se nomme en langue Egyptienne Χονταξί il l'appelle en Chaldéen *Caimacham*, l'escrit en cette sorte........ (1). Tous ces *Decani* sont gravés différemment en diverses pièces, pour guérir de diverses maladies ; les uns, ἐν λίθῳ περιλεύκῳ, les autres ἐν λίθῳ ἰασπαχάτῃ, σιγηνίῃ, σιδηρίτῃ, ὀνυφίτῃ, ζωνίτῃ, ὀστραχίτῃ, μορέχθῳ, σαρδίῳ, ἐν ἀργύρῳ, ἐν χρυσῷ, ἐν χαλκῷ. Les uns se portent au col, les autres au bras, avec plusieurs observations curieuses. Les charactères de chaque *Decanus* sont opposés. Le titre de ce traité est : Περὶ τῶν τριάκοντα ἓξ Δεκανῶν τῶν ζωδίων, καὶ μετὰ ἀποτελεσμάτων αὐτῶν κατὰ Χαλδαίων φωνάς.

Par ce nombre, il ne reconnoît que les dixeniers de chaque signe, car ils divisent chaque signe en trois portions, et chaque portion en dix *Decani*, et le 1ᵉʳ *Decanus* de chaque portion, qu'ils appellent Μοῖρα, est celui qui a le plus de vertu et de puissance. Il y a mille belles resveries à remarquer en cette matière Talismanique qui n'a pas encore esté bien deschiffrée de personne jusques ici.

Outre la compagnie de mes amis que je regrette en quittant la France, je plains aussi l'esloignement d'une bibliothèque qui pouroit seule satisfaire à

---

(1) Le mot chaldéen n'est pas cité dans la copie.

mes curiosités de toutes sortes, où je vais en un
pays où toutes les bibliothèques des particuliers
sont fermées ; et celle du public quoi qu'ouverte
à tout le monde, elle ne l'est pas à moi, par la
bonne humeur du bibliothécaire (1), et laquelle,
quand bien elle me seroit patente, ne me sçauroit
pas fournir grand'chose, outre quelques livres arabiques, que Golius y a apportés. Il n'y a remède, il
faut vivre selon le temps, et croire qu'après celui-ci, il
en viendra un meilleur, et peut-estre aussi un pire.
Et quand il viendroit meilleur, il nous trouvera
pires, c'est-à-dire moins capables de toute bonne
estude, que lorsque la jeunesse nous suggéroit un
esprit plus prompt et plus vif.

Pour l'animal de l'Ethiopie je n'en ai rien trouvé
dans vostre *Mahomet Abdala*. Je ne sçais pourquoi
ils l'appellent ici *Pachos*, car vous m'aviés mandé,
que ceux qui l'avoient amenné n'en sçavoient pas
le nom.

Il y a longtems que j'ai rendu le Syncellus. Je
vous dis encore une fois, que ce que j'en ai fait ne
vaut pas vostre remerciement. Depuis le temps
j'aurois conféré le *Theophanes* et le *Leon*, je ne
croyois pas tant demeurer en cette ville. Je suis,

    Monsieur,
           Vostre, etc.
                  SAUMAISE.

A Paris, ce 12 septembre 1636 (2).

---

(1) Ce bibliothécaire était Daniel Heinsius, l'ennemi mortel de Saumaise. Voir les piquants détails que donne ce dernier sur les pro-
cédés de Daniel Heinsius dans une lettre à Jacques du Puy du 29
janvier 1634. (*Appendice, lettre* III).

(2) *Ibid.*, f° **188**.

XIV

Monsieur,

La vostre du 15 décembre m'a esté renduë en cette ville, où je suis enfin, après plusieurs fatigues, moins sain que sauf, car j'ai esté plus de quinze jours malade, ce qui a fait que j'ai tant mis à vous faire response. Je vous la fais donc à présent, et commencerai comme font les honnestes gens, par ce qui me touche, affin de ne point sortir de la possession, où vous m'avés mis, de vous estre importun sans fin.

Je suis bien aise que vous ayés retiré de la main des corsaires le psautier en six langues, et me tarde infiniment que je le puisse voir, car je me suis imaginé que c'est un Hexaple d'Origène. Si cela estoit, ce seroit une chose inestimable. J'ai sceu toutefois du sieur Golius, qui m'en asseuroit encore tout fraischement, que toute la Bible, avec les Hexaples et Octaples dudit Origène, se trouvoit encore aujourd'hui au mont Liban (1), chés les Maronites, et que pour peu de recherche qu'on en fist, il y auroit moien de le recouvrer.

Je porte encore avec une grande impatience l'effect de la promesse qu'on vous a faite, touchant les tactiques d'*Urbicius* et les chapitres de l'*Africanus*. Je ne sçaurois mettre fin à mon ouvrage,

---

(1) On sait que Golius fit deux voyages en Orient, l'un en 1622, l'autre de 1625 à 1629, et que notamment, il passa deux ans à Alep.

que je ne les aye veus. Cependant le prince
d'Orange me presse de lui donner ce que je lui ai
promis sur cette matière, et m'en a desjà fait escrire
plusieurs fois depuis que je suis arrivé, sans ceux
qui me l'ont dit de bouche de sa part. Je ne l'ai
point encore salué depuis mon arrivée ; car j'ai
esté malade, et puis lui l'a esté de ses goutes. On
commence depuis deux ou trois jours de le pouvoir voir ; ce qu'il m'a fait aussi sçavoir, tellement
que je fais estat d'y aller cette semaine. Il veut
m'entretenir à ce qu'il m'a fait dire sur tout plein
de difficultés qu'il trouve dans les livres, sur la
milice romaine, attendant que je lui présente mon
escrit.

Je remontrai, l'autre jour, en lisant les notes de
Lindembroch sur l'Ammiam Marcellin (1), où il
cite un passage d'*Urbicius*, qu'il dit avoir eu de la
bibliothèque de Florence, en la page 130 de ses
observations : *Urbicius in Tacticis, quœ Manu-
scripta in Bibliothecâ Magni Ducis Etruriœ exlant.*
Ce passage m'a confirmé ce que j'ai tousjours estimé
que le *Mauricius* avoit compilé une grande partie
de son escrit, comme le *Léon* l'a pris de *Mauricius.*
Cet *Urbicius* là, s'il estoit entier en la bibliothèque
de Florence, comme je le reconnois quasi par le
passage, qu'en raporte Lindembroch, il y auroit
moyen de restituer toute la milice romaine et
corriger le *Mauricius* en une infinité d'endroits où

---

(1) Frédéric Lindenbrog, né à Hambourg en 1573, mort en 1648,
publia dans sa ville natale, en 1609, *Ammiani Marcellini historiarum
libri illustrati* (in-4°).

il est corrompu déplorablement comme en cet endroit qui est allégué par ledit Lindembroch. Le *Mauricius* dans deux M^s que j'ai veus, dit : παραγγίλλα ὁ μανδάτωρ, ΣΙΛΕΝΤΙΟΥ ΜΑΝΔΑΤΑ ΚΑΒΕΤΕ ΝΕ ΒΟΣ ΤΟΥΡΒΕΤΙΣ. Nos gens, qui se sont servis de ce passage, ont corrigé *Silentio mandata cavete ne vos turbetis.* Or, ce lieu d'*Urbicius* que cite Lindembroch a nettement escrit : παραγγίλλα ὁ μανδά-τωρ,ΣΙΛΕΝΤΙΟ ΜΑΝΔΑΤΑ ΚΟΜΠΛΕΤΕ. ΝΟΝΒΟΣ ΤΟΥΡ-ΒΕΤΙΣ, qui est la vraie leçon, ainsi que le tesmoigne *Léon*, qui a traduit en Grec ces commandemens latins en ces mots : παραγγίλλη ὁ μανδάτωρ ταῦτα : μετὰ σιγῆς πάντα τὰ παραγγέλματα πληρώσατε. Μὴ ταραχθῆτε. Je ne vous prierai pas de rien essayer de ce costé. Car il me souvient que vous l'avés voulu faire souvent à la sollicitation de vos amis, sans que vous ayés peu rien obtenir de cette bibliothèque là. Je tascherai de sçavoir si Lindembroch n'a point transcrit le livre, et s'il l'a entre ses mains, je lui en escrirai et ferai escrire au premier jour, encore que ces Allemans là sont de dure desserre.

Je serois bien aise aussi de voir vostre M^s de *Végèce* avec ce *Tullius*, qui en a fait l'abrégé, que nos éditions donnent à *Modestus* (1). J'ai eu quelques fois opinion que ce *Modestus* ne l'avoit point emprunté de Végèce (2), mais qu'il l'avoit puisé de la

---

(1) Modestus, qui vivait dans le IIIe siècle après J.-C., est l'auteur d'un *Libellus de vocabulis rei militaris*, adressé à l'empereur Tacite, et publié, pour la première fois, en 1471, à Venise (in-4°).

(2) Saumaise aurait dû avoir non *quelquefois*, mais *toujours*, cette opinion-là, car Végèce vivait un siècle plus tard que Modestus, sous Valentinien (375-392).

mesme source que l'aultre ; ce qui faisoit qu'ils se rencontroient si bien, car il est certain que l'*égée* n'a pas un seul mot du sien, qu'il n'ait pesché de l'autrui (1). Je vous suplie donc de m'envoyer le vostre par M. de Saint-Sauveur qui me le fera tenir par commodité sûre, que je lui indiquerai.

Pour vostre animal d'Ethiopie, j'ai esté bien aise d'apprendre les parrains qui l'ont baptisé de ce beau nom, qui m'a tenu longtems en cervelle. J'ai ici fait remuer tous les livres Arabes des animaux qui s'y trouvent, pour y rencontrer cet admirable *Pacos*. En la bibliothèque d'ici, entre les livres, qu'a apportés le sr Golius, il y en a un tout pareil au vostre ; mais qui est imparfait. Ils feront transcrire, avec vostre permission, ce qui leur manquera sur vostre exemplaire. Je ne sçais sur quoi se sont fondés ces gentils imposeurs de noms, pour controuver ce mot de *Pacos*. Peut-estre qu'ils avoient ouï parler de cet animal du Pérou qui se nomme *Paco*, qui est une sorte de brebis. Mais elle n'a rien d'approchant, que le nom de vostre *Pacos*.

Cela est vrai au reste, qu'il se trouve des Asnes cornus aux Indes ; et Ælian dit, qu'il y en a, qui n'ont qu'une corne. Je ne trouve pourtant point, que pas un de ces Asnes ait les pieds fendus comme a cettui-ci.

L'*Onager*, qui se trouve aux déserts d'Arabie, est tout à fait comme un autre Asne ; tellement que je

---

(1) Les critiques sont d'acord pour reconnaître que l'*Epitome rei militaris* n'est qu'une compilation des ouvrages de Caton l'Ancien, de Cornelius Celsus, de Frontin, etc.

commence à me défier, qu'on doive appeller ce
supposé *Pacos* du nom d'Asne. Car il tient aultant de
la chèvre sauvage, comme de l'Asne, en ce qu'il a
les pieds fendus et qu'il crotte comme une chèvre,
et qu'il a des cornes. Les Grecs ont accoustumé de
composer de deux noms ces espèces d'animaux,
qui semblent aussi composés de la ressemblance de
deux animaux, comme Λεοντοπάρδαλις, Καμηλοπάρδαλις,
Λυκοπάνθηρος, Τραγέλαφος, Κυνόλυκος, Κυναλώπηξ. Et ainsi
beaucoup d'autres. Je crois de mesme qu'on pouroit appeller cettui-ci, Ὄναιγον ou Αἴγονον, comme tenant
de l'Asne et de la chèvre.

Pour les Livres, que vous désirés estre achettés en
cette ville, ou pour vous, ou pour M. Gassendi (1) j'y
ferai tout mon pouvoir. Seulement vous avertirai-je,
que quand il s'en rencontre, ils sont beaucoup plus
chers qu'en France. Ils ne vandent jamais livre,
qu'ils n'en fassent faire un catalogue imprimé,
qu'ils envoyent trois mois devant par toutes les
villes; si bien qu'il se trouve quantité de personnes
à la vente, qui les font monter si haut, qu'on n'en
peut avoir. Il y a deux ans que je fis achetter
comme cela à un Inquant (2) de Mildebourg le

---

(1) On verra dans les lettres échangées entre Peiresc et Gassendi,
que je compte publier un peu plus tard, combien de livres se procu-
raient l'un à l'autre les deux excellents et illustres amis.

(2) Saumaise écrit *inquant* conformément à l'étymologie latine
quantum (à combien), indiquée pour la première fois par le philologue toulousain, Pierre de Caseneuve. L'*in quantum* se conserve dans
l'italien *incanto*. On retrouve la forme inquant dans nos auteurs du
XVIᵉ siècle, mais ce mot n'avait pas encore été signalé, si je ne me
trompe, dans un texte du XVIIᵉ siècle.

petit Livre de Pignorius, sur la Table d'Isis (1), et je n'avois pas limité le prix que j'en voulois donner tellement que celui, qui faisoit pour moi, le voulust avoir à quelque prix que ce fust, et me revint par ce moien à sept livres. Le bon du compte est que j'avois ce mesme livre. Mais sur le catalogue il estoit qualifié *Mysteria Ægyptiaca*. Ce qui me fit y avoir envie, croyant ne l'avoir pas. Ainsi ont-ils accoustumé de changer le titre des livres, affin d'inviter le monde à y venir.

Quant à ce qui est de mes observations sur l'An Attique, Egyptien et Persan, j'ai tant d'autres choses sur les bras, qui me pressent davantage, que je ne sçaurois y penser à présent. Je voudrois bien vous pouvoir envoyer ce que j'en ai remarqué. Mais il me faudroit autant de tems à assembler les passages que je n'ai que décousus, pour en faire un corps, comme si je les voulois faire imprimer. M. Golius en traite à plein fonds sur son Alfragan, dont le texte est desjà imprimé, et les notes commencées, où il ne laissera rien à dire, à ce qu'il

---

(1) L'abbé Lorenzo Pignoria, né en 1571 à Padoue, mort dans la même ville en 1631, fut un habile archéologue et un renommé collectionneur. Il était en correspondance avec Peiresc, et l'on garde à la bibliothèque de Carpentras 30 lettres en langue italienne qui lui furent adressées par ce dernier de 1616 à 1619 (5ᵉ volume des minutes, fᵒ 300-358). La *dissertation* de Pignoria parut pour la première foi à Venise en 1605 (in-4°) sous ce titre : *Vetustissimæ tabulæ æneæ hieroglyphicis, hoc est sacris Ægyptiorum litteris cælatæ, accurata explicatio.* La seconde édition (Francfort, 1603, in-4°) porte un titre différent : *Characteres Ægyptii,* etc. Enfin une troisième édition (Amsterdam, 1669, in-4°) porte encore un nouveau titre : *Mensa iliaca,* etc., etc.

promet, sur cette matière (1). Je suis bien fasché de
ne vous pouvoir donner satisfaction en cela.

Il y a trois ans, voire quatre et plus, que mon
Arnobe est imprimé (2), et l'imprimeur me presse
à cette heure si cavalièrement d'avoir les notes,
qu'il ne me laisse pas un jour de repos. D'autre
costé son Altesse veut avoir ce que je lui ai promis
sur la Milice Romaine, tellement que je ne sçais de
quel costé me tourner. J'ai aussi à conserver ma
santé, en ce pays principalement, où j'ai bien de
la peine à la maintenir bonne. Je vous la désire
aussi parfaitement bonne, qu'à moi mesme et longue vie en icelle, et suis

    Monsieur,

        Vostre etc.

               SAUMAISE.

A Leyden, ce 2 mars 1637 (3).

---

(1) *Mahummedis, filii Ketiri Ferganensis, qui vulgo alfraganus dicitur, Elementa Astronomica, arabice et latine*, etc. (Amsterdam, 1669,
in-8°). Silvestre de Sacy dit à ce sujet, dans la *Bibliographie universelle* : « Golius mourut avant d'avoir mis la dernière main à cet ouvrage. On ne peut trop regretter que Golius n'avait pas terminé ce
travail, qui est une mine féconde d'érudition orientale. »

(2) L'Arnobe de Saumaise ne parut qu'en 1645 : *Arnobii afri
adversus gentes libri* VII *cum recensione viri celeberrimi* (Leyde, in-8°.
Voir sur cette édition et sur celle de 1651, la *Bibliothèque des auteurs
de Bourgogne*, p. 267. Le *Manuel du Libraire* ne mentionne que l'édition de 1651 (Leyde, in-4°) *cum recensione Cl. Salmasii et integris om-
nium commentariis, cura Ant. Thysii.* Papillon signale, en outre,
(p. 265) des notes de Saumaise sur Arnobe, insérées dans le tome II
(p. 122-134) des *Œuvres de saint Hippolyte* publiées par Fabricius
(1718, in-f°).

(3) *Ibid.*, f. 195.

XV

Monsieur,

Ce mot ne sera que pour vous donner avis, que j'ai enfin receu response du Sr Lindembroch, qui m'a envoyé ce qu'il avoit autrefois transcrit du Ms. d'*Urbicius*, qui est en la Bibliothèque de S. Laurent de Florence. Il me mande qu'il y est tout entier, et qu'il n'en a tiré que les *Excerpta*, qu'il m'envoye. Je suis bien fasché qu'il n'a fait la courvée toute entière, pendant qu'il estoit sur les lieux. De tous les livres, qui sont douze en tout, de chaque livre, il a fait extrait de peu de chose, principalement des termes latins des Factions, et Motions Militaires, qui s'y trouve, qui m'ont donné une merveilleuse envie de voir tout le reste. Le fragment, qui se trouve à Milan, n'est rien au prix. Il m'envoye de plus un Catalogue de tous les auteurs tactiques qui sont dans la mesme Bibliothèque et tous compris dans un mesme volume, lequel il dit estre fort gros. Voici ce qu'il m'en escrit : *In Bibliotheca Magni Ducis Hetruriæ extat ingens volumen variorum Auctorum qui Tactica scripserunt. Nomina eorum hæc sunt. Urbicii Libri XII. Incerti lib. XII. Asclepiodori Philosophi cap. XII. Æliani Tactica, Arriani Tactica, Onasandri (ita Mss) Leonis Tactica, Constantini Imp. Tactica.* Je ne sçais qui est cet *Incertus*, qui a mis son ouvrage en XII livres, aussi bien que l'*Urbicius*, si ce n'est le *Mauricius*, que j'ai toujours creu avoir pris la plus grande partie de ce qu'il escrit de l'*Urbicius*; et les *Excerpta* de Lindenbroch me confirment en cette opinion. Pour l'*Asclepiodorus*, je l'ai trouvé dans la Bibliothèque du Roy en autant de chapitres, où il se nomme : *Asclepiodotus*. C'est un petit Traité excellent, et qui a pesché dans la mesme source qu'Ælian; plus succint que lui, mais quelques fois plus clair. Quand à l'Arrian, je le vois cité par les Anciens, et voudrois bien sçavoir ce qu'il a dans le ventre. Je n'ose vous prier de rien parce que je ne sçais pas le crédit, que vous avés dans cette Bibliothèque. Mais qui bien sert, assés demande. Pourquoi ne suis-je pas encore en mes jeunes ans?(1) Je ferois bien des choses que je n'ai pas faites. De plus le mesme Lindembroch me baille avis, qu'il a veu dans la Bibliothèque de Bessarion à Venise *Heronis librum de Aciebus Bellicis*.

J'attens un Végèce Ms. Pour mon Arnobe, il ne s'imprime pas encore. J'aurai bien de la peine à me tenir d'y mettre des choses, qui offenceront ceux de là haut. Si je ne le fais, j'offencerai ceux du Pays Bas.

Je suis sur un autre traité dont on m'a donné l'endosse, qui est *de Usuris* (2). J'en avois autrefois dressé de la matière pour un commentaire, lorsque j'estois sur mon *de Re Nummaria* (3).

---

(1) Saumaise, à ce moment, n'avait pas encore 50 ans.

(2) *De usuris* (Leyde, 1638, in-8°).

(3) Aucun des ouvrages imprimés de Saumaise n'est relatif à la numismatique, mais on trouve dans un de ses manuscrits (*Varia in Prisciani, librum* etc.), selon Papillon (p. 270) : « plusieurs choses sur les monnoyes anciennes. » Le même bibliographe a signalé

C'est un ouvrage de conscience. Plusieurs en ce bon pays font scrupule de prester à usure, comme si elle estoit contraire au droit divin. Il faut montrer que non. J'explique cette matière mieux que personne n'a encore fait selon mon Jugement (1).

> Je suis,
> > Monsieur,
> > > Vostre très etc.
> > > > SAUMAISE.

A Leyde, ce 3 may 1637 (2).

---

l'existence (p. 273) d'un traité spécial de Saumaise (*Dissertatio de monetis*) dans la collection Du Puy (vol. 561).

(1) Saumaise s'applaudissait trop complaisamment de ses incomparables explications. Un critique de grande valeur, Boëcler, cité par Papillon (p. 559), constate combien Saumaise avait été malheureux dans la discussion de sa thèse (*quam infeliciter disputaverit*). Saumaise fut obligé de jeter à la tête de ses adversaires deux autres gros volumes de mille pages chacun : *De modo usurarum* (Leyde, 1639, in-8°) ; *Dissertatio de fænore trapezitico* (Leyde, 1640, in-8°).

(2) *Ibid.*, f. 199.

APPENDICE N° 1

LETTRES A JACQUES DU PUY

Monsieur,

Je ne sçay si par mes dernières je vous escripvois de l'estat de ma santé, car les vostres du 14 du courant parlent comme si vous aviez appris par icelles ma bonne disposition. Cependant je vous puis asseurer qu'il y a trois mois tous complets que je ne suis sorty du logis, et un mois que je n'ay marché qu'avec le baston et encore à grand peine, faulte des jambes qui me sont tellement devenues grosses et pleines d'humeurs et qui sont en tel estat, que les plus nobles gueux de Paris qui mandient sur les pontz ou aux portes des Eglises, voudroient en avoir de pareilles. Elles leur vaudraient mieux tous les ans d'aulmosne que ce que j'ai eu de pension. Je ne laisse pas de faire des mains ce que je puis, car oultre cela j'ay souvent la fiebvre et quasi toutes les nuicts. Le jour je me divertis avec mes vieux et bons amis, car d'en faire icy de nouveaux je ne suis pas d'assez belle humeur.

Je me resjouys de ce que vous me mandez touchant la figure du papier ancien qui vous a esté envoyée par M. de Peyresc (1), et me tarde que je ne

_____

(1) Sur le papyrus que Peiresc fit venir d'Egypte et qu'il cultiva

l'aye : elle viendra fort à propos pour estre placée en un coing de mon livre que j'appreste et qui fust desja commencé d'imprimer si les imprimeurs m'eussent tenu parolle. Je me suis mis à revoir mon œuvre *de plantis et aromatis* (1), laquelle j'ay de beaucoup augmentée des Autheurs Arabes que j'ay icy rencontrez. Je vous prie quand vous escriprez au dict sieur le faire tousjours se ressouvenir des Elcuptiques (2) qu'il promet nous faire avoir. J'ay esté prié par l'Archevesque d'Armeccanus (3), primat d'Ibernie, homme très sçavant et très versé en histoire ecclesiastique, si je sçavois point quelqu'un de mes amis de France qui eust quelques memoires touchant l'Histoire des Albigeois laquelle il desire inserer tout au long et le plus veritablement qu'il pourra dans l'Histoire ecclesiastique qu'il compose. Il me semble que j'ay veu autresfois quelque chose de ces bons heretiques qui m'avoit esté communiqué par Monsieur votre frère (4). S'il s'en trouvoit quelque piece parmy ses papiers je serois trez ayze d'obliger ce personnage là qui est très

---

dans son jardin de Belgentier, voir l'ouvrage de Gassendi (p. 342-343). Peiresc parle avec de grands détails du papyrus dans ses lettres à Saumaise.

(1) Ce traité ne figure pas dans la liste des œuvres imprimées et manuscrites de Saumaise dressée par Papillon.

(2) Nous avons déjà rencontré le mot elcuptique avec son explication dans une lettre de Saumaise à Peiresc du 20 juillet 1633 (lettre III).

(3) *Sic* pour l'*Archevesque Armachanus*, c'est-à-dire l'archevêque d'Armagh, ville qui est la métropole catholique de l'Irlande. Ce prélat s'appelait Hugo O'Reilly. Il avait d'abord été évêque de Kilmore. Il occupa de 1629 à 1651 (7 juillet), le siège illustré par le savant Ussèrius.

(4) Pierre du Puy.

communicatif de ce qu'il a, et a quantité de livres manuscriptz de toutes sortes et notamment des Orientaulx.

Pour nos nouvelles enfin cette grande armée s'est mise à couvert sans avoir rien faict et le prince (1) est retourné à La Haye d'hier seulement. L'on en parle diversement. Les uns disent que Messieurs les Estatz n'ont pas trouvé bon qu'il mist tout au hazard d'une bataille. C'est ce qui se dict, mais nous sçavons le contraire; les autres l'excusent sur ce qu'il ne peult trouver ses advantages. Il y en a qui tiennent qu'il n'a pas voulu faire davantage, crainte de couper à la racine l'esperance de la tresve, qui n'est pas encores désesperee, à laquelle il favorise. Pour moy, je m'imagine que Cœsar, ayant une telle armée, et en ce pays, et ayant le mesme dessein, n'en fust pas ainsy sorty. Trente cinq mille hommes vallent aultant icy que cens voire deux cens mille dans les plaines de Bagdad.

J'ay veu, pour retourner au particulier, et par ce que la guerre et les armes m'en font souvenir, le livre d'Aurelius (2) contre Sirmond (3), j'entends son Anœreticus (4) où il est mené et vanné (5)

---

(1) Frédéric-Henri de Nassau.

(2) On sait que *Petrus Aurelius* n'est autre que Jean du Vergier de Hauranne, abbé de Saint-Cyran.

(3) Jacques Sirmon, un des plus féconds et des plus savants de tous les écrivains de la Compagnie de Jésus.

(4) *Petri Aurelii, theologi, anœreticus adversus errores et hœreses, quibus canonem Arausiacum et sacramentum confirmationis aspersit J. Sirmondi Antirrheticus* (Paris, 1633, in-8). L'ouvrage du P. Sirmond était intitulé : *Antirrheticus de canone Arausicano adversus Petri Aurelii theologi responsionem, qua ejus epistolam infirmare conatus est* (Paris, 1633, in-8*).

(5) M. Littré ne donne aucun exemple moderne de l'emploi du mot

comme il fault. Je plains ce pauvre vieillard (1)
d'avoir rencontré un si rude et si roide cham-
pion (2), et lequel il ne peut accuser d'heresie. Sur
ce je vous baise les mains et suis inviolablement,
Monsieur,

Vostre très humble serviteur.

A Leyden, ce 29 octobre 1633.

Messieurs vos frères (3) trouveront icy mes tres
humbles baise mains avec vostre permission et leur
suis serviteur (4).

II

Monsieur,

J'ay receu la figure du papyrus dont je vous remercie. Ce ne peult estre la mesme plante que nos
herbiers rapportent pour le papyrus d'Ægypte, et ne
sert de rien à dire que ceste-cy est espanouïe et
l'autre encore en bouton. Ce seroit ume extreme
negligence et supinité (5) à des gentz qui ont de-

---

vanner pris dans ce sens. Il cite seulement un texte du xive siècle
tiré du *Glossaire* de du Cange, où *vanner* signifie *berner* et un texte
du siècle suivant, tiré de la *Chronique* de Froissart, où ce même
mot signifie maltraiter.

(1) Sirmond, né à Riom, le 22 octobre 1559, avait alors 74 ans
révolus.

(2) Saumaise plaignait-il sincèrement celui qui avait été, quelques
années auparavant, son *si rude et si roide* adversaire dans la question
des églises suburbicaires ?

(3) Jacques du Puy était le dernier des quatre enfants de Claude
du Puy.

(4) Bibliothèque d'Inguimbert. Registre XLI, second volume, fº 37.

(5) Du latin *supinitas*, stupidité. Le mot ne se trouve ni dans le

meuré si long temps en Ægypte comme Alpinus (1),
et qui ont si souvent veu cette sorte de jonc Ægyptien, de nous le representer imparfaictement qui est
tout de mesme comme si à qui n'auroit jamais veu
de rose on luy faysoit voir le bouton pour la fleur
lorsqu'elle est en sa perfection. Alpinus donc escript
que les filamentz de la teste qui faict le papyrus
sont droictz et longs, et ceux-cy sont couchez et
esparpillez. Il luy donne aussy des feuilles au pied
de la tige droictes et en forme de glayeul, triangu-
laires et molles. La figure que vous avez envoyée
n'en a point. En somme ce ne peult estre la mesme
plante. Le Nil produit deux sortes de jonc assez
semblables, dont l'un se nommoit πxπυρος, et l'autre
σάρι, ainsy que l'escript Theophrastus. Je ne scay si
l'on pourroit dire que l'une d'icelles soit le Sari.
J'eusse desiré qu'on eust aussy envoié à M. de Peiresc la description de la grosseur et longueur de la
tige du dict Papyrus. Il eust esté plus facile de juger
de la verité.

Pour ce qui est du filament que j'ay trouvé avec
la figure qui ressemble à une feuille de *gramen*, ce
n'est pas cela dont on faisoit anciennement le
papier, car l'on en pourroist aussy tost faire de nostre
foin que de cela, mais des membranes qui se trou-

Dictionnaire de Richelet, ni dans le *Dictionnaire* de Trévoux, ni dans
le *Dictionnaire* de Littré.

(1) Prosper Alpini, médecin et botaniste, naquit en 1555 dans l'Etat
de Venise et mourut professeur à l'Université de Pa-loue en 1617. Il
rapporta d'un voyage en Egypte (1580-1583), les matériaux de plusieurs de ses livres, notamment du livre : *De plantis Ægypti* (Venise,
1592, in-4°).

vent en la tige depuis la premiere escorce jusques au
milieu. De la première escorce l'on en faisoit le gros
papier, qni servoit d'emballe (1) et d'enveloppe, et
puis de là en avant jusques au cœur. Les phyli-
res (2) se rencontroient toujours plus tenues et plus
deliées, de quoy le plus fin papier se faisoit. J'ay la
description d'un Autheur Arabe nommé Ebenbitar
comme se faisoit le papier qui est fort semblable à
ce qu'en dict Pline. La tige de ceste plante est
grosse comme le poignet du plus puissant homme
en forme de triangle de la haulteur de cinq ou six
coudées. Les Philyres tirées de cette tige bien pré-
parées se colloient l'un à l'aultre en long et puis on
en couchoit d'aultres en travers collées sur les pre-
mieres en forme de tissu. Ce que vous avez d'Al-
cuinus (3) et ce qui est en la bibliothèque du Roy
qui est un *Instrumentum securitatis* du temps de
Justinien (4), qu'on croit estre de l'escorce d'arbre,
est du papier faict de ce jonc d'Ægypte.

---

(1) Le mot *emballe* ne se trouve pas plus que le mot *supinité* dans
les trois recueils mentionnés plus haut.

(2) Le mot n'est point dans nos dictionnaires. M. Barrès, le savant
conservateur de la Bibliothèque d'Inguimbert, qui ne se contente
pas de mettre avec une complaisance infatigable livres et manuscrits
à la disposition des travailleurs, mais qui leur prodigue encore les
plus utiles indications, a bien voulu me donner l'explication suivante:
le mot vient du grec φιλυρα qui signifie à la fois tilleul et peau déliée
qui se trouve sous la première écorce du tilleul. Les anciens se servaient de cette seconde écorce, appelée *liber*, pour écrire.

(3) Il s'agit des fragments des homélies de Saint-Avit, sur papyrus,
qui, après avoir fait partie de la collection du président de Thou,
sont arrivés à la Bibliothèque Nationale où ils sont conservés dans
le fonds latin (n° 8913). (Voir *l'Inventaire des Manuscrits latins par
M. Léopold Delisle*, p. 13).

(4) La pièce ainsi désignée forme le n° 4568 A du fonds latin. Saumaise la cite plusieurs fois dans ses notes sur les *Historiæ augustæ
scriptores.*

Pour nos nouvelles, les deputez de Brabant sont tousjours à la Haye qui attendent leurs compagnons y ayant tousjours esté depuis , et crois qu'ils n'auront pas perdu leur temps. L Duc d'Arscot (1) est party pour aller en Espagne querir la conclusion de la trefve. Ce pendant l'infante s'est laissé mourir (2), qui fera que les affaires changeront de face, car celluy qui lui succedera voudra signaler son entrée au gouvernement par quelque acte memorable et plustost de guerre que de paix ou de tresve. Il y desja dix ou douze jours que le froid est icy si Hollandois que les canaux sont tous pris.

Pour moy, je suis tousjours avec mon incommodité qui a esté aggravée d'une apprehension grande et juste de perdre ma femme (3), laquelle a esté desesperée des medecins, d'une maladie de petite verole qui a faict un grand ravage en ceste ville depuis neuf ou dix mois en ça qu'elle y regne, emportant en l'autre monde toute sorte d'aage et de

---

(1) Philippe Charles d'Aremberg, duc d'Arschot, né le 18 octobre 1587 au château de Barbançou, mourut à Madrid le 24 septembre 1640. Voir l'excellent article que lui a consacré M. Gachard dans la *Biographie nationale* publiée par l'Académie royale de Belgique (Bruxelles, tome I, 1866, col. 388-401). Le duc d'Arschot partit de de Bruxelles pour l'Espagne, le 16 novembre 1633 ; il arriva, au commencement de décembre, à Madrid, où il devait être emprisonné par l'ordre de Philippe IV, quelques mois plus tard (avril 1634).

(2) L'archiduchesse infante Isabelle-Claire-Eugénie, gouvernante des Pays-Bas, veuve d'Albert d'Autriche, mourut dans la nuit du 1er au 2 décembre 1633, âgée de 67 ans.

(3) Saumaise avait épousé, le 5 septembre 1623, Anna Mercier, dont l'irascibilité contrastait si fort avec la constante bonne humeur de son mari, lequel, comme on l'a souvent remarqué, ne cessait d'être le plus doux des hommes que lorsqu'il avait une plume à la main.

sexe. Ilz tiennent icy par traditive (1) que ce mal
est tousjours un tres certain avant coureur de la
peste. Ma femme en sera quitte pour remporter
des marques en France comme elle aura esté en
Hollande.

Il s'imprime icy une notable question *de humanæ
vitæ termino*, s'il est fatal et immuable, ou s'il se
peult prolonger par regime de vivre, et par l'art
des medecins. Tous les sçavans d'icy y ont donné
leur jugement : on a voulu aussy avoir le mien (2).
Le pere Mersenne y donne aussy le sien que j'ay
veu (3). Je vous en envoyeray un exemplaire lorsque
l'impression en sera achevée. J'attendz tousjours le
Tertullien de Monsieur Rigault (4). Je vous avois mandé de le faire bailler à un homme qui se tient à l'en-
seigne du Roy François à la porte St Michel qui a
charge de me faire tenir quelques debits. Vous ne
m'en escripvez rien par voz dernieres dont je m'estonne. Je ne puis vous en dire davantage, car l'en-
cre me gele dans la plume et mes doigtz ne peuvent plus aller. Mon affection est tousjours fervente

---

(1) M. Littré a cru qu'on n'avait employé *traditive* pour *tradition*,
qu'au XVIᵉ siècle. Voir *Dictionnaire de la Langue française*, au mot
traditif.

(2) Voir dans le traité de Beverovicius, *de vitæ termino*, édition de
1641, p. 438, une lettre de Saumaise sur ce sujet. L'imprimeur déclare qu'il n'a donné qu'une partie de la lettre de Saumaise, laquelle, publiée *in extenso*, aurait, dit-il, formé un juste volume.

(3) Marin Mersenne, de l'Ordre des Minimes, naquit le 8 septembre
1588 au hameau de la Soultière et mourut à Paris le 1ᵉʳ septembre
1648. Voir l'importante notice de M. B. Hauréau sur cet ami de
Descartes, de Gassendi et de Peiresc (*Histoire littéraire du Maine*,
tome VIII, 1876, p. 121-179).

(4) Rigault publia les œuvres de Tertullien en 1634 (in-fᵒ) et, de nouveau, en 1641.

à vostre service, nonobstant le froid du païs et suis très veritablement,

Monsieur,

Vostre, etc.

À Leyde, ce 10 décembre 1633.

Monsieur vostre frere trouvera icy mes tres humbles baise mains (1).

III

Monsieur,

Je croiois avoir respondu à toutes vos lettres ; mais il s'est trouvé que je ne l'avois pas faict, n'ayant peu faire response plustost à celle que je receus hier seulement, quoique dattée du 4e novembre, avec une aultre de Monsieur Rigault escripte à Mets du 15 d'octobre à un bref narré (sic) (2) de ce qui s'est passé entre l'evesque de Chalcedoine et les jésuites anglais. Je suis fasché d'avoir receu cette lettre si tard et de n'avoir peu vous satisfaire, touchant le contenu d'icelle sur ce que vous me mandez vous avoir esté escript par Monsieur Heinsius, lequel semble désirer une reconciliation et d'estre marri de ce que nous avons

---

(1) *Ibid*, fo 53. Peiresc a écrit en tète de la copie de cette lettre : *Salmasius de papyro*. Le destinataire de cette lettre n'est pas désigné d'une façon précise, mais tout semble indiquer que, comme la précédente et que comme les suivantes, le du Puy auquel la lettre est adressée, n'est autre que le prieur de Saint-Sauveur.

(2) Peut-être faut-il lire : qui a un bref narré, qui contient un bref narré.

esté jusques icy en si mauvaise intelligence. Vous
auriez sceu il y a long temps que si c'est tout de
bon qu'il tient ce langage, et non pour se deschar-
ger du blasme qu'il pourroit encourir de traitter si
mal un François en son païs, veu que tous les
Hollandois qui retournent de France se louent si
fort de la courtoisie de nostre nation, vous auriez
aussi esté informé s'il a tant contribué comme il
dict pour me lever les ombrages qui m'avoient esté
donnez de sa part, ou s'il n'a pas continué en tout
ce qu'il a peu me tesmoigner non par des soupçons,
mais par des effectz, les preuves certaines de sa
malveillance. Nous n'estes pas à sçavoir les traverses
et empeschemens qu'il a apportés à ma vocation
en ce lieu par de très mauvais et très illicites
artifices et qui tendoient à ruiner ma réputation,
en quoy il a esté si injuste que de vouloir que l'on
prist pied pour l'estime qu'on debvoit faire de moi
sur le jugement qu'en faisoient les Jésuites, ne se
souvenant pas que si Monsieur de la Scale estoit
mesuré à ceste aulne, il auroit esté le plus impertinent, le plus ignorant et le plus stupide homme du
monde (1). En après il m'accusoit d'estre Arminien
comme ami intime de Monsr Grotius et que ce
n'estoit rien faict d'avoir chassé ledict Grotius, si
on me recevoit (2). Pour conclusion, je n'estois

---

(1) Voir surtout l'*Amphitheatrum honoris* de P. Charles Scribani
(1605, in-4° ; 1606, in-4°). Conférez ce qu'en écrit Scaliger à de Thou,
le 27 juillet 1608 (*Lettres françaises inédites de Joseph Scaliger*, Agen
1881, in-8°, p. 372).

(2) On connaît trop la vie si agitée de l'illustre Hugues Grotius
pour que je rappelle ici les persécutions dont il fut l'objet dans le
pays dont il était une des plus grandes gloires.

qu'un grammairien et un vocabuliste (1), et que
ma science ne s'estendoit pas plus loing que le
destroit des Glossaires. Je luy pardonne tout cela.
Il vouloit m'empescher d'estre appellé en un lieu
duquel il croyoit estre plus digne, et que c'estoit
luy faire tort d'offrir à un estranger une condition
si honorable, laquelle il méritoit mieux pour toutes
sortes de raisons. Ce qu'il a faict et dict à mon
préjudice depuis mon arrivée, n'est pas pardon-
nable, si ce n'est que par ce moyen il eust espéré
de me pouvoir chasser d'icy conspirant avec la
mauvaistie (2) de l'air pour me faire naistre l'envie
du retour en mon païs. Messieurs les curateurs
m'avoient promis de me donner une clef de la
bibliothèque, non seulement des livres communs,
mais de ceux qui sont dans les caisses, comme ceux
que Scaliger et Vulcanius (3) ont laissez avec d'autres
manuscrits et de faire percer le derrrière de mon
logis qui respond sur une petite place où est la
bibliothèque, afin d'y pouvoir aller en robe de
chambre, ce qui m'eust esté grandement commode
et s'y est opposé et l'a empesché premièrement en

---

(1) M. Littré donne ce mot sans le faire suivre d'aucun exemple.
Les rédacteurs du *Dictionnaire de Trévoux* (1771) avaient cité le
même mot d'après les *Mémoires de Trévoux* de 1731.

(2) Pour malignité. Je ne retrouve nulle part, au xviie siècle, l'expression *mauvaistie*.

(3) Bonaventure Vulcanius, né à Bruges le 30 juin 1538, fut pendant 32 ans professeur en langue grecque à l'Université de Leyde,
et mourut dans cette dernière ville le 9 octobre 1614. Voir sur cet
humaniste, dans le tome XXXIV des *Mémoires* de Niceron, une notice qui a été complétée dans le *Moréri* de 1759. Il est plusieurs fois
mentionné dans les *Lettres* citées plus haut de J. Scaliger (p. 298,
300, 317, 318, 324, 350).

me faisant proposer que je ne pouvois emporter des livres que je ne luy signifiasse le nom et le nombre, croiant que je n'accepterois pas ceste condition injurieuse, d'aultant qu'elle ne se prattique qu'à l'esgard des estudians, car les professeurs ont droit d'en emporter tout ce qu'ilz veulent sans bailler de récépissé. Je m'offris à le faire ainsi et se voyant sans excuse de ce costé là, il me fit faire une autre proposition que je ne pourrois aller en ladite bibliothèque pour prendre des livres que son valet ou luy ne feust présent, et que je serois obligé de prendre tousjours l'un ou l'autre pour y aller. Je fis response que je n'avois que faire d'avoir les clefz à une condition si onereuse et honteuse et qu'il arriveroit que je perdrois souvent mes pas, quand voulant y aller, ny Monsieur ny son valet ne se rencontreroient pas au logis ou n'auroient pas le loysir de m'y accompagner. A la fin, il se déclara plus ouvertement et dict tout hault qu'il quitteroit plustost la bibliothèque à l'académie que de permettre que j'y eusse entrée, tellement que la promesse qu'on m'avoit faicte s'en est allée à vaux-l'eau. Au reste, si j'ay désiré quelque libvre de la dite bibliothèque, il n'est pas à croire les supercheries qu'il m'a faictes et les longueurs qu'il a apportées. Lorsqu'il a voulu beaucoup m'obliger, ça esté en ne me faisant attendre que huict jours ou quinze pour un que j'avois demandé. Je pense vous avoir mandé comme il m'avoit faict brancqueter (1)

---

(1) Mot introuvable et inexplicable. Je suppose qu'il y a là quelque faute de lecture commise par le copiste qu'employait Peiresc.

six mois durant pour avoir les liturgies elcuptiques de Scaliger (1). Tantost le livre estoit perdu, tantost il n'entendoit pas l'Ægyptien, et puis un autre livre pour celluy-là ; à la fin, pour se délivrer de mon importunité ; il me l'a envoyé et s'est trouvé que le livre estoit escript au dos en vieille lettre de la main de Scaliger LITURGIÆ ELCVPTICÆ. Du commencement que je vins il se mocquoit par toutes les compaignies que je ne pouvois parler latin et pour preuve de cela qu'estant un jour à un festin, comme quelqu'un me pressoit de luy respondre à coup de gobeletz, j'avois dit: *Ego tibi faciam rationem*, et qu'à l'instant je m'estois repris, disant : *Je vous feray raison*, ce qui estoit neantmoins de son invention, comme il a l'esprit fécond en fictions poétiques. Ilz ne peuvent plus se mocquer de moy de ce costé-là, car je m'en escrime à présent aussi bien qu'eulx. Il n'y a pas bien longtemps qu'il fit courre le bruict que j'estois à l'extrémité, si bien que quelques-uns me vindrent voir, qui furent estonnez de me trouver sur pied, croiant me trouver aux abois et rendant l'âme. M'ayant nommé leur auteur, je leur dis que je ne le trouvois pas étrange, car peut-estre le désiroit-il, mais que j'avois subject, puisque il se disoit estre mon amy, de ce qu'il ne me rendoit point ce bon office que de me visiter en ceste extrémité où il me croioit estre. Il y a environ

---

(1) On sait que Scaliger s'occupa beaucoup des livres religieux des Cophtes qui lui avaient été envoyés d'Égypte et qui, après sa mort, furent recueillis avec ses autres livres et manuscrits, dans la bibliothèque de Leyde.

trois mois qu'il faillit encore à me faire un très
mauvais office en la dernière assemblée des curateurs où l'on debvoit m'adjuger une partie extraordinaire de cinq cens francs pour le quartier dans
lequel j'estoit arrivé en ceste ville, et lequel m'avoit
esté promis et dont l'ordonnance avoit tousjours
esté différée. Il fit donc accroire aux curateurs que
j'estois sur le point de m'en retourner en France,
et que j'avois mesme retiré de l'imprimeur mon
livre *De ordine Ecclesiastico et primatu papæ* (1).
Je ne sortois point pour lors du logis à cause de
mon incommodité, et ne pouvois voir les curateurs
pour leur oster cet erreur là qui leur eust osté la
volonté de m'adjuger ces cinq cens livres, si l'un
de ces Messieurs ne me fust venu voir pour en
sçavoir la verité, lequel oultre ce que je luy en dis
veit bien par effect que je n'estois pas en estat
quand mesme j'eusse eu ceste résolution de le
pouvoir exequuter. Et tous les jours il persévère à
mesdire de moy parmi ses familiers, mais quand il
parle à quelqu'un de ceux qui me veulent du bien,
c'est avec des éloges qui surpassent toute vraysem-
blance. Il faict le mesme envers M. Grotius. En
somme, pour la littérature, il fault avouer que c'est
un excellent homme et qu'il est aussy un excellent

---

(1) On n'a pas mentionné ce livre dans la *Bibliothèque des auteurs
de Bourgogne*, ni dans le *Moréri* de 1759, où l'article sur Saumaise est
un résumé de l'article de l'abbé Papillon. L'ouvrage parut à Leyde
en 1645 (in-4°) sous ce titre : *Cl. Salmasii librorum de primatu
papæ pars prima. Cum apparatu. Accessere de eodem primatu, Nili et
Barlaami tractatus.* Voir les *Elzevier* de M. Alph. Willems (p. 146,
n° 594).

poête, mais pour les (mœurs ?) ilz ne respondent pas au jugement qu'en font mesme ses meilleurs amis, sans mettre en ligne de compte ce fameux et fumeux exercice (1) du tabac où il est continuellement. J'en ay trop dict et si (2) je n'ay pas dict la centiesme partie de ce que je pourrois dire si j'en voulois faire un livre.

Nous le laisserons pour venir à nos nouvelles qui sont que Messieurs les Estats dans leur dernier conseil qui s'est tenu sur la fin de la sepmaine passée, ont traicté avec Monsieur de Charnassé (3) qu'ilz n'entendroient point à la tresve de tout cet esté. Il demandoit pour trois ans, mais ilz n'ont pas voulu luy accorder, la pluspart estant fort portez à la tresve et fort las de la guerre et principalement de toute la Hollande, ceux de Amsterdam. Voilà ce que je sçay d'affaires d'Estat.

Pour nostre Académie, elle ne produict rien de nouveau, et nostre ville a esté quelque peu esmeuc vers ce nouvel an de la hardiesse des Arminiens, ausquelz estant deffendu de prescher en particulier

---

(1) On voit que Saumaise ne dédaigne pas les jeux de mots. Du reste, en toute cette lettre comme en plusieurs des lettres qui vont suivre, il est prodigue de verve et d'esprit, et, pour tout dire, en un mot, c'est à pleines mains qu'il répand le sel bourguignon.

(2) C'est à dire pourtant.

(3) Hercules, baron de Charnacé, né au château de Charnacé en Anjou, le 3 septembre 1588, fut tué au siège de Bréda, le 1er septembre 1637. Après avoir été ambassadeur de Louis XIII auprès de Gustave-Adolphe, il avait été envoyé à La Haye et il y conclut, en avril 1634, un traité d'alliance avec le prince d'Orange. Voir une excellente notice sur ce diplomate dans le *Dictionnaire historique, géographique et bibliographique de Maine-et-Loire*, par M. Cél. Port. (tome I, p. 628-629.)

ilz ont presché publiquement soubz la couvertrue du ciel, deux dimanches consequutifs à la barbe du magistrat, mais enfin ilz ont esté réprimez et quelques-uns mis à couvert. Depuis ilz ont présenté requeste au prince pour avoir l'exercice libre qui les a renvoyez au magistrat ou bien à le chercher dans les villes prochaines. On les croyoit estre en plus grand nombre en ceste ville, mais l'on a recongneu qu'ils n'estoient qu'environ huict cents.

Pour changer de discours, je vous prie me faire sçavoir le tiltre et le nom de l'autheur d'un itinéraire latin des voiages de Levant, qu'on dict avoir esté imprimé à Paris, il y a environ deux ans, et me semble l'avoir veu sur vostre table, un peu avant mon despart, in-4° imprimé par colonnes. Je vous supplie aussy de voir dans le catalogue de la bibliothèque du Roy, tous les escriptz de Proclus sur le Platon, et m'en envoier la liste. J'en ay esté prié par un mien amy, excellent platonicien et qui a ramassé tout ce qu'en a escrit Proclus. J'en eusse escript à Mons' Rigault, mais je ne crois pas qu'il soit de present à Paris, sur ce que vous m'escripvistes dernièrement qu'il alloit servir son semestre qui commençoit à ce moys de febvrier.

J'avois oublié à vous mander pour preuve de la bonne intelligence que Mons' Heinsius faict semblant vouloir entretenir avec moy, qu'il n'a mis qu'une foys le pied céans depuis que je suis en ceste ville, et ce il y a environ huict mois et ne fict qu'entrer et sortir, ayant rompu brusquement sur un discours commencé après trois ou quatre tours de chambre. Trois jours après, je luy rendis sa visite pleine et entière et légitime. Je ne l'ay point veu depuis, et si j'ay esté en estat, tant pour mon indisposition que pour l'extrême maladie de ma femme où tous les autres professeurs ont jugé me devoir voir, mesme ceux qui font profession d'amitié fort estroitte avec ledict sieur Heinsius, mais je me plains à présent davantage de l'air que des hommes, estant encore à l'heure que je vous parle si mal traitté que c'est compassion de me voir. J'ay failli à mourir, la sepmaine passée, d'un choléra morbus qui m'a tenu quatre jours, oultre mon incommodité ordinaire de mes jambes enflées et ulcérées qui me font garder la chambre, il y a six mois tous entiers. Je seray délivré quand il plaira à Dieu et comme il luy plaira. Je n'avois pas sceu que vous eussiez assisté ma belle-mère en son fascheux affaire ; c'est pourquoy je ne vous en avois point remercié. Je vous en remercie donc très humblement, et prends toute l'obligation sur moy qui vous en ay bien d'autres. Sur cela je demeureray, Monsieur, vostre, etc.

Monsieur vostre frère trouvera icy mes très humbles baise mains.

A Leyde, ce 29 janvier 1634 (1).

Monsieur, Monsieur du Puy, à Paris.

---

(1) *Ibid.* f° 33. Peiresc a mis en tête de cette copie : *M. Saumaise à M. du Puy du sieur Heinsius.* Le jour même où j'ai transcrit cette lettre, j'ai vu à la bibliothèque d'Inguimbert un livret intitulé : *Animadversiones in quædam capitis primi et secundi speciminis Salmasiani quibus varii viri docti ab ejus calumniis vindicantur (Hagæ-Comitis apud Adrianum Vlacq* MDCLVIII, in-12 de 104 pages). C'est une terrible diatribe contre Saumaise. On lui reproche de s'être cru le premier

IV

Monsieur,

Voz lettres ne me seront jamais importunes, et ne debvez point craindre qu'elles me destournent de mes plus sérieuses estudes. Je n'en ay point de sérieuses à présent, et suis plus empesché après la cure de mon corps qu'à la culture de mon esprit. C'est tout, sy je puis lire quelque chose pour me désennuyer. Jamais il ne se veit telle misère. Je suis maintenant entre les mains des médecins pour tout le mois qui vient pour y faire une fin ou autre estant lassé de plus languir comme j'ay faict jusques à ceste heure. Si je venois à me présenter en l'estat où je suis, au milieu de vostre cabinet, lorsque tous nos amys y sont assemblez, je suis fort asseuré que personne ne me recongnoistroit. Vous m'avez veu à l'issue de ma grande maladie à Paris, quelques mois avant mon départ ; me voyant à l'heure que je vous escripz, vous diriez que j'estois alors en très bon point. Il fault tout voir. Tout me manque, excepté le courage.

---

des érudits, on attaque son orgueil, son envie, sa rage canine (*caninam ejus mordacitatem*). On affirme qu'il traitait avec la même férocité les vivants et les morts, ceux qu'il connaissait et ceux qu'il ne connaissait pas et jusqu'à ses amis eux-mêmes. A la dernière page du libelle on lit cette citation : « *Ex epistola Jacobi Puteani anno* 1656 *Voet. ad Nic. Heinsium Scriptæ.* J'oubliois de vous parler de ce tome de lettres qu'on a imprimé de M. de Saumaize, que je n'ay point encore veu. Sa femme, sans doute, aura eu assez de vanité d'avoir envoyé les mémoires de sa noblesse à celuy qui a fait les préfaces, car jamais le défunt ne m'en a entretenu. Cela est vray qu'il estoit de bonne famille et considérée dans le pays, mais il n'a jamais prétendu de dire descendre de ducs de Bourgogne, et moins de roy de France, etc. »

Pour le traité de Acia, il est devenu un livre entier (1). Comme j'estois sur la fin, je jugeay qu'il me falloit voir les autres médecins espagnols, desquels parle Chiffletius et qui ont commencé la querelle. Attendant que je les peusse voir, et voyant aussy que la matière estoit fort sterile en demeurant dans les termes de la question, j'ai estendu le parchemin et me suis mis à esplucher par le menu toutes les sortes de filetz bons à couldre et à ourdir avec toutes leurs différences, avec tous les artifices et ouvrages qui se font de fil, soit metallic, soit d'autre sorte. J'ay intitulé le livre : *Polymtion ad locum Celsi de acia explicandum.* Vous le verrez sur le catalogue de la foire, mon libraire qui est allé à Francfort m'a remis à sa venue pour commencer de l'imprimer. Je vous l'ay desdié sur la créance que j'ay eue que vous ne le trouveriez point mauvais, car c'est vous qui m'avez mis dans ceste question, c'est pourquoy il estoit bien raisonnable que la response s'addressast à vous qui m'avez fait la demande.

Pour des nouvelles d'Estat, je ne vous en mande point, crainte que je ne tombe encores au mesme inconvénient où je me suis veu quelquesfois vous en ayant escript, car deux heures après, le contraire de ce que je vous avois mandé, se veriffioit. Il n'est pas croyable comme la passion agite les espritz de ces quartiers, comme ils sont

---

(1) Ce traité n'a jamais été imprimé. Papillon le signale (p. 270) parmi les ouvrages manuscrits de Saumaise qui étaient chez Philibert de La Mare. Voici ce qu'il en dit : « *De Acia et fibulis antiquarum,* dédié à Jacques du Puy, in-4° de plus de 200 feuillets. »

poussez de divers ventz de faction. Il y a des catholiques, des Remonstrantz, des Contreremonstrantz,
les premiers tout à fait Espagnolz, les seconds à
demy, et qui à un besoing suivroient plustost les
premiers que les derniers, lesquels derniers sont
ennemis jurez des premiers et des seconds et plus
encore des seconds. Car il y a quantité de catholiques en ceste ville et des principaulx qui ont leur
exercice assez libre, quoy qu'en maisons privées,
où les Arminiens n'y sont point tollerez pour ce qui
est de l'exercice, car pour la demeure elle est libre
à toute sorte de relligion ou d'irreligion ou liberti-
nage. Je vous laisse à penser parmy tant de sectes
et d'affections bigearres (1) si les nouvelles qui
courent ont tousjours une mesme forme, passant
par tant de différents canaux. Nous sommes assés
près de la Haye. Cependant je scay plus au vray ce
qui se passe en France, que ce qui se dict ou se
faict à la Haye. Je vous diray seulement que M. de
Charnassé est venu enfin à bout de son traicté. Il fut
conclud la propre veille de Pasques, sur les onze
heures du soir (2). L'on but, lundy passé, largement
à la santé du Roy en un festin solennel, que Messrs
les Estats feirent aux Ambassadeurs de France à

---

(1) La forme *bigearre* est encore employée, quelques années plus
tard, par un membre de l'Académie française, Jean Chapelain, dans
une de ses lettres encore inédites. Un contemporain et confrère de
Chapelain, Vaugelas, constatait que *bigearre et bizarre* s'employent
également. Déjà, en plein XVIe siècle, on disait *bizarre* à côté de
bigearre.

(2) On célébra la fête de Pâques, en 1634, le 16 avril. Le traité aurait
donc été conclu le 15. On a souvent donné à ce traité la date du 5
avril.

cest effect. Vous sçaurez les conditions de ce traitté d'ailleurs, si vous ne les scavez desjà.

Il n'est pas mauvais aussy à mander d'icy, puisque c'est chose rare, qu'il y a deux mois tout entiers qu'il n'y est tombé goutte d'eau. Si le terroir n'estoit grandement humide de soy et remply et embu des humiditez passives dont il a faict provision, tout crieroit à la soif. Pour nos libraires, ilz ne font pas grandes choses, et noz professeurs sont assez paresseux, qui ne s'occupent qu'à leurs leçons publiques et à des collèges particuliers qu'ils font en leur maison. Quant à ce qui est de moy je faictz encore moins, car je ne fais rien du tout, mais tout fainéant que je suis, je ne laisray pas d'estre, à jamais, Monsieur, vostre, etc.

A Leyden, ce 28 avril 1634 (1).

Monsieur, Monsieur du Puy, puisné, à Paris.

V

Monsieur,

Vous debvez avoir receu le Salluste que je vous ay envoyé par mon beau-frère, qui est party il y a quinze jours de ceste ville, pour s'en retourner en France, où je crois qu'il soit arrivé sont passez huict jours. Je n'ay pas voulu le commettre à nostre messager pour ce qu'il avoit esté destroussé peu auparavant sur le chemin d'Anvers, et qu'aussy il

---

(1) *Ibid.*, fo 31.

vous eust cousté, pour le port, plus que le livre ne
vault. Je n'ay pas encore receu le livre du sr Valois (1) et Jehan de Leyde est à Dieppe qui attend,
à ce qu'il dict, du convoy pour passer, mais il reçoit
tous les jours nouvelles marchandises et nouveaux
pacquetz de Paris, de ses deux fils qui y demeurent
jusques à ce que sa charge soit faicte pour emplir
son batteau qu'il trouve à Rotterdam et qu'il amène
icy. C'est une voye fort longue, et suis résolu de ne
plus rien faire venir par luy que lorsque je voudray
m'exercer en la vertu de patience.

Pour nos nouvelles, nostre ambassadeur est
rappellé en France (2) et receut ce coup de poi-
gnard il y a aujourd'huy 15 jours. L'on ne scayt qui
luy a presté ceste charité, si ce n'est Monsr de
Charnacé. D'autres tiennent que c'est pour avoir
receu chez luy Monsr de Haulterive (3). Vous en

---

(1) Ce livre du savant Henri de Valois (né à Paris en 1603, mort
en cette ville en 1676) était intitulé : *Excerpta Polybii, Diodori Siculi,
Nicolai Damasceni*, etc. (Paris, 1634, in-8°) et contenait le texte et la
traduction des extraits faits par ordre de l'empereur Constantin Por-
phyrogénète, ayant pour objet les *vertus et les vices*. Le manuscrit
avait été acheté par Peiresc et communiqué par lui à Valois. Voir là-
dessus l'ouvrage de Gassendi, sous l'année 1627 (p. 311) et sous l'année 1634 (p. 430-432).

(2) Dans la *liste des ambassadeurs, envoyés, ministres de la cour de
France près les puissances étrangères* (*Annuaire de la Société de l'histoire de France* pour 1848, p. 179), on trouve seulement le nom de
Quenat, qui, en 1634, avait été chargé d'une mission particulière en
Hollande. Combien il serait désirable que le travail de M. Guérard
fût rectifié et complété de façon à devenir un guide aussi sûr qu'il est
incertain !

(3) De quel Haulterive s'agit-il ici ? Rappelons qu'au commencement de l'année 1631 un personnage de ce nom (le
marquis de Hauterive) avait été envoyé en Hollande comme ambassadeur. Voir *Lettres et papiers d'Etat du cardinal Richelieu*
tome IV, p. 223).

sçavez de plus certaines nouvelles que nous, comme de celluy qui doibt estre envoyé en sa place. Vous sçavez aussy comme M. Grotius est à Francfort au service de la couronne de Suède, appellé par le chancellier Oxenstern. Il a escript depuis peu à Messrs les Estats, une lettre qui a esté leue en pleine assemblée, où il les advertit de cet employ, et que par là il aura peut estre moyen de servir encor sa patrie. On a faict courir icy le bruict que le chancellier de Suède le vouloit envoyer ambassadeur ordinaire en France et l'avoit mandé à cet effect (1). Vous sçavez mieux que nous s'il est vray, et je crois que ledict sieur Grotius vous en aura escript.

Nous avons jeusné la sepmaine passée pour les heureux succez de l'armée. Nous verrons si nos prières seront mieux exaulcées cette année cy que l'autre. Je crains fort un *idem*. J'escript à M. Rigault, croyant qu'il soit de retour de Metz. C'est pour avoir un livre de la bibliothèque que l'on pourra m'envoier par les ambassadeurs de Hollande lorsqu'ils retourneront, ou par le nostre nouveau lorsqu'il viendra en la place du deffunct. Je suis marry de ce changement et crains que celluy qui viendra ne me soit pas si bon amy que celluy qui s'en va. Je commence, au reste, à me mieux porter et ce par le bénéfice de certaines pilules dont je me sers il y a prez d'un mois faictes des eaux de Spa.

---

(1) Grotius ne tarda pas, en effet, à être nommé ambassadeur de la reine de Suède auprès de la cour de France. Il fit son entrée solennelle à Paris le 2 mars 1635.

Il me semble que je reviens d'un autre païs. J'ay esté en un très misérable estat. Je commence à revivre et à estudier. Mon livre *de Vestiaria* n'est pas encore commencé. Il sera in-f°. J'ay laissé fort peu à dire sur ceste matière.

Je suis, Monsieur, vostre, etc.

A Leyde, ce 8 aoust 1630 (1).

VI

Monsieur,

J'ay aujourdhuy bon jour bon œuvre, receu vostre lettre du 30°. Elle m'a esté envoyée de La Haye et ne sçay de qui elle m'est venue, mais qu'importe? Pour response, je vous dirai que je n'ay encore aulcune nouvelle de nostre medecin (2). Je luy escrivis sitost que je sceus que Mons' de Thou (3) auroit pour agreable de l'avoir en sa compagnie. Je l'attends tous les jours ou bien de ses lettres.

Pour mon retour qu'on tient si asseuré, je n'en suis pas encores si certain que ceux qui le tiennent pour tel, et ne vous en puis dire de nouvelles bien asseurées que nous ne soyons au mois de may. Je

---

(1) *Ibid.* f° 27. Peiresc a mis en tête de cette copie : *M. de Saumaise au sieur du Puy de l'employ de M. Grotius.*

(2) Il s'agit là de Jean Elichman déjà mentionné dans la 4° des lettres à Peiresc (1er juin 1633). Nous allons retrouver le nom de ce savant médecin dans la septième et la huitième des lettres à J. du Puy (21 avril et 1er juin 1635).

(3) Jacques-Auguste de Thou dont il a été question dans la seconde des lettres à Peiresc (22 janvier 1633).

vous diray seulement que le prince ayant sceu que
je n'estois pas trop bien cloué en la demeure de ce
païs cy, et que je branslois au manche pour m'en
retourner, à cause des proceddures de Messrs les
professeurs qui ne me donnoient pas subject de
m'y plairre, les a fort blasmez et a dict qu'il ne me
falloit pas me laisser aller, ains me donner tout contentement, et qu'il en parleroit aux curateurs. Je ne
scay s'il le fera ou ce qu'ils feront. Tout dépend de
là. Je travaille maintenant pour luy. Je n'avois dessein que de faire un petit abbregé pour luy faire
entendre la maniere de camper des Romains et
celle de renger en bataille. Il a trouvé bon que je
m'estendisse plus loing et que je luy explicasse tout
l'estat de la Milice Romaine, ce que je faictz. Si je
ne l'acheve icy, j'auray plus de moyen de le mieux
polir en France, principalement pour ce qui est du
style que je n'ay jamais eu guières bon en nostre
langue, pour ne m'y estre pas exercé, et que j'ay
encore achevé de gaster depuis que je suis en ce
beau païs parmy ces ventres de bière où je suis
devenu fort flegmatique et catarreux, mais c'est
pour cracher tousjours du latin. Si je ne m'entre-
tenois quelquesfois avec vous, j'aurois desja longtemps y a oublié tout ce que ma nourrice m'en
avoit appris.

Pour nos nouvelles, il y en a de fort mauvaises
qui est la surprise de la ville de Treves sur nos
François (1). Ilz sont malheureux à secourir les

---

(1) Ce fut le 26 janvier 1635 que les Espagnols surprirent la ville de
Trèves.

protestants. Il n'y aura pas presse doresnavant
pour eulx à se mettre soubz nostre protection,
puisque nous gardons si mal ce que nous prenons
en leur faveur. Il se faict des gageures en ce païs
si nous romprons ou non ? Devinez pour qui je suis.
Il y a bien à penser. L'evenement nous rendra
sçavantz, mais il s'en trouve qui penetrent dans
l'advenir par leur sagacité naturelle. Je rencontre
quelquesfois à conjecturer sur des lieux corrompuz.
Si j'estois aussy saige à juger des affaires d'Estat,
je vous dirois bien une partie de ce qui adviendra.
Je n'aurai pas tant de peine de vous faire croire
que je suis de toute mon affection, Monsieur,
vostre, etc.

A Leyden, ce 8 avril 1635 (c'est presqu e en vos quartiers (1).

A Mons' Mons' du Puy, Prieur de Saint-Sauveur,
à Paris.

VII

Monsieur,

Je m'estonne que ce dernier ordinaire dont vous
parlez par la vostre du 6 du courant ne vous avoit
point encore rendu la mienne, car je vous puis
asseurer que, depuis un bien long temps, je n'ay
laissé passer aulcun ordinaire sans vous escrire.
J'ay receu les deux qui estoient incluses avec la

---

(1) *Ibid.*, f° 57. Peiresc a mis en tête de la copie : *M. de Saumaise à M. du Puy. De son retour en France. De son estat de la milice romain.*

vostre, et feray response à M' Deodati (1) sur ce
qu'il me demande quand j'auray parlé à l'homme
des pillules. Je m'esbahys de n'avoir point de nouvelles du sieur Elichman Il a escript à son homme
qu'il seroit icy à la fin du mois. Il est bien vray ce
que vous dictes qu'il vaudroit mieux, si j'ay à quitter
ce païs, que ce fust sur un autre subject que celluy
pour lequel je demanderay mon congé, mais je
vous asseure qu'il n'importe à l'homme (2) de quelle
façon je sorte d'icy pourveu que je lui oste de la
veue une personne que ne peut souffrir sans avoir
mal aux yeux et plus encore en l'âme. Neantmoins
la pierre en est jetée et ne sçaurois plus faire
aultrement que de demander qu'on face quelque
reglement arresté qui leur oste le moyen de me
plus traverser.

On avoit faict un intérim duquel je m'estois contenté qui pallioit en quelque façon nostre different
et à mon advantage. Cela n'a pas esté assez fort
pour les brider et n'a servy qu'à leur faire inventer
de nouvelles menées pour me harceler. Pour peu

_____

(1) Bougerel (*Vie de Gassendi*, p. 27) nous fait ainsi connaître ce
personnage : « Elie Diodati, conseiller de la République de Genève
intime ami de Galilée, dont il a traduit l'apologie pour la philosophie
de Samos contre les Cléanthes du siècle ; il étoit non-seulement homme de lettres, mais encore l'ami et le correspondant de plusieurs
scavans, tels que Galilée, Campanella, Schickard, Bernegger, Meze-
riac, Naudé, Grotius, Peiresc et les frères Dupuy. » Il ne faut pas
le confondre avec Jean Diodati, professeur de théologie à Genève, tra-
ducteur de la *Bible* en italien (1607) et de l'*Histoire du Concile de
Trente* de Paolo Scarpi en français (1621). Jean Diodati figure dans
tous nos recueils biographiques, mais le nom d'Elie Diodati manque
au *Moréri* comme aux biographies qui portent le nom de Michaud et
de Didot.
(2) Daniel Heinsius.

de contentement que l'on me donnera, je tiendray bon et l'on m'en donne à present bonne esperance de la part mesme du prince qui en doibt parler. Aultrement il est impossible que je demeure icy en l'estat où sont les choses et vous approuveriez entièrement mon dessein si je vous en avois entretenu une demie heure seulement. Tout ce qu'on me peult dire de la liberté qui est icy et des persequutions qu'on dict estre en France n'est pas capable de me faire accroire que je ne fusse beaucoup mieux pour mon ayse et pour mon repos à planter des choux en quelque coing d'un village que d'estre comme je suis icy, sans me ressouvenir du passé.

Nos nouvelles sont plus sur l'esperance de l'advenir que sur le present. Tout se prepare à la guerre et neantmoins l'ambassadeur de la Grande-Bretagne qui est à La Haye et vient d'Allemagne parle comme s'il esperoit une paix generale. Son Excellence est arrestée par les pieds et empesché (*sic*) d'une main par une goutte. Quant mes doitz en seroient tout nouez et ne le pourroient escripre, ma langue diroit tousjours que je suis, Monsieur, vostre, etc.

A Leyden, ce 21 avril 1635 (1).

A Monsr Monsr du Puy, prieur de Saint-Sauveur, à Paris.

(1) *Ibid.*, fo 57., vo et 58.

VIII

Monsieur,

J'ay laissé passer deux ordinaires sans vous escripre sur le bruict qui a couru icy que le passage d'Anvers pour les lettres estoit fermé et le seroit doresnavant tout-à-faict, et par effect nous avons esté un dimanche sans recevoir des lettres de France, et celles qui debvoient venir il y a quinze jours ne nous ont esté rendues que dimanche dernier. Je crois que celles d'icy auront couru la mesme fortune. Je n'ay pas esté en peyne d'aller à La Haye pour avoir le bien de voir le grand chancellier (1). Son chemin s'addressant par cette ville, messieurs nos bourgmaistres l'ont traicté en passant, et m'ont faict l'honneur de m'inviter au festin qui fut lundy au soir où je le saluay. Il y coucha et en partit le landemain sur les onze heures aprez avoir veu ce qu'il y a icy de remarquable, la maison de ville et la peinture de Lucas de Leyde (2) qu'on y monstre pour une merveille, le vieux bourg, l'Auditoire de l'Académie, le Theatre anatomique et la Bibliothèque qui n'est pas grande chose. Il discourut, au souper, sur la deffaicte de l'armée espagnolle par nos François, et dict que le prince d'Orange, après avoir joint son armée avec la

---

(1) Le comte Abel Oxerstiern ou plutôt Oxenstierna, grand chancellier de Suède.

(2) Lucas de Leyde, né en 1499 dans la ville à laquelle il doit son surnom, mourut dans la même ville en 1533. Voir sur ses œuvres en général, et en particulier sur l'œuvre que signale ici Saumaise, l'*Histoire des Peintres* par M. Charles Blanc (216e livraison).

nostre, devoit aller chercher l'Espagnol pour l'at-
tirer au combat et passer montaignes et rivières
pour cest effect. Je ne sçay si nous le ferons. Ce
n'est pas là nostre escrime. On les tient joinctes à
ceste heure vers Maestricht. Une partie assiege
Argenteau (1) il y a desja cinq jours. Le bruict est
grand d'une armée impériale qui vient au secours
du Brabant. Faulte d'argent est une grande maladie
en ce païs. Je ne sçay encore rien de ma condition.
Messrs nos curateurs qui se debvoient assembler au
huictiesme de may ne le feront qu'au septiesme de
juin. Cependant nos professeurs me veulent reculer
et pretendent maintenant que je dois sortir aprez
eulx de l'Académie estant en possession depuis que
je suis icy d'en sortir le premier aprez le magistrat
quand il y est, et devant tous quand il n'y est pas.
Je ne m'entendz guieres en retrogradation et ne la
pourrois souffrir. Nos messieurs en jugeront, et
suyvant cela je verray ce que j'auray à faire. Vous
ne me conseilleriez pas de demeurer si on me chan-
geoit mon ordre.

Tout cela ne se faict qu'à la suscitation d'un seul
homme, qui est endiablé contre moy et n'en rab-
battra jamais rien. Vous avez à ceste heure à Paris
un chanoine de Liège nommé Dormal (2), compa-
gnon d'Holstenius, et qui s'en va à Rome le trouver. Je vous prie, s'il vous voit, de luy tesmoigner
que je vous l'ay recommandé. Il est extremement

---

(1) Village de la province de Liège, sur le chemin de fer de Liège à
Maestricht.
(2) Henri Dormalius dont nous avons déjà rencontré le nom dans
la lettre de Saumaise à Peiresc (1er juin 1635).

sçavant en grec et faict de trez bons vers grecz. Le
Père Mersenne le congnoist fort et lui a esté recommandé. Monsr Elichman est de retour de Dannemarch depuis quelques jours et ne sçait à quel
parti se renger, s'il doibt prendre la condition que
le Roy de Dannemarch luy offre ou bien aller avec
Mr de Thou. Ses amys luy desconseillent l'un, et
luy conseillent l'autre au cas qu'il soit toujours en
resolution de faire le voyage de Levant. Il se
resouldra avant que Monsr de Thou parte et vous
escripray plus amplement de tout à la première
occasion. Cependant je demeureray, Monsieur,
vostre, etc.

A Leyde, ce 1er juin 1635 (1).

A Monsr Monsr du Puy, prieur de Saint-Sauveur,
à Paris.

IX

Monsieur,

J'ay receu la vostre du 25 du mois passé comme
mon pacquet estoit desja fermé pour vous envoier.
Je suis grandement resjouy du livre cophte et
n'auray guières de patience que je ne l'aye veu.
L'incertitude où je suis ne debvoit point estre cause
du retardement de l'envoy. Car j'espere en estre
plustost hors que le livre ne sera à Paris, et soit
d'une façon, soit d'une autre, que la chance tourne,

---

(1) *Ibid.*, f° 51.

ou je le trouverois chez vous, ou vous seriez en estat de me le faire tenir. Je desirerois plustost l'un que l'autre, tant il me desplaist d'estre parmy des gentz faictz comme ceux-cy. Je prevoy d'autre part bien des choses qui me font songer à ma conscience. Dieu pourvoira à tout et à mes affaires aussy pour le mieux. On a eu nouvelle à La Haye de la conjonction des deux armées vers Maestricht. Le mesme jour noz mareschaulx ont receu le mot de Son Excellence. On tient ces deux armées extrêmement lestes (1) et faire chascune trente mille combattans. S'ils ne font rien, puissent-ilz jamais rien faire! Aussy ne feront-ilz s'ilz ne font quelque chose à ce coup. Quelques-uns en doubtent fort, et que le dessein d'icy ne soit que pour estonner l'Espagnol et l'induire à une trefve. Beaucoup de gentz et des mieux sensez en parlent ainsy et tous les prescheurs qui crient contre ceste nouvelle alliance semblent le confirmer. Nous verrons ce que s'en sera.

J'ay receu le Sophompaneus (2) de Monsr Grotius qui est vrayment de luy et ne se desment point. Entre autres choses l'œconomie y est excellente. Je l'en remercieray à la première commodité, et vous prie cependant l'en remercier par advance de ma part lorsque vous le verrez. Les armées debvoient commencer à marcher vendredy dernier

---

(1) *Sic.* Ne faut-il pas lire *fortes ?*
(2) Le copiste a mal reproduit le titre de la tragédie de Grotius, tragédie dont Joseph est le héros. Le véritable titre est celui-ci : *Sophomphaneas* (Amsterdam, 1635, in-4°).

ou le lendemain au plus tard. Voyla toutes les nouvelles que sçait, Monsieur, vostre, etc.

A Leyde, ce 4 juin 1635 (1).

Monsieur Monsieur du Puy, prieur de Saint-Sauveur, à Paris.

X

Monsieur,

Voyci deux ordinaires que je n'ai point receu de vos lettres. Aussy en ay-je laissé passer deux sans vous escripre sur la crainte que j'ay eue que le passage ne fust fermé, et que d'ailleurs je n'avois pas grande chose à vous mander. J'ay receu enfin l'Apologie d'Apulée (2) que ce secrétaire de Monsr Paris (3) m'a apportée, laquelle neantmoins je n'ay point encore veue, le pacquet m'ayant esté envoyé a Leyde le jour mesme que j'estois en chemin pour venir en ceste ville où je suis encore à présent. Mes affaires sont encore aussy incertaines qu'auparavant. Les grandes brigues que les professeurs ont faict contre moy ont esté cause que les curateurs n'ayent rien resolu sur cela en leur derniere assemblée qui se tint il y a dix ou douze jours. Ilz ont

---

(1) *Ibid.*, f° 51, v°.

(2) *Notæ et observationes in apologiam Apulei* (Paris, 1635, in-4°) L'auteur de cet ouvrage, que Jean Bourdelot avait fait imprimer à ses frais, était Jean Price, né à Londres en 1600, mort à Rome en 1676. On garde dans la bibliothèque de Carpentras (collection Peiresc, vol. XII) deux lettres fort curieuses écrites de Londres par Jean Price à Bourdelot, le 28 octobre 1635 et le 20 février 1636.

(3) *Sic.* Ne faut-il pas lire *Pris* (pour *Price*) ? Le secrétaire dont il est ici question est nommé dans la lettre suivante M. de Wontnaegre.

remis à decider ce poinct et à me donner contentement, s'ilz peuvent, au huictiesme d'aoust, qui sera le jour qu'ilz s'assembleront de rechef pour les affaires de l'Académie. Je suis fort ennuyé de toutes ces traverses, et, enfin, s'ilz ne me donnent congé, je le prendrai. Ilz ne peuvent me retenir et ne veullent pas me laisser aller. Il fauldra que je les soulage et relève de ceste perplexité.

Pour nos nouvelles vous sçaurez, peult-estre avant que ceste cy vienne jusques à vous, les desordres qu'ont commis nos François en la prise de Talmont (1) ou Tienen (2), laquelle ayant esté prise par force et donnée au pillage (3), les femmes et les filles, quoyque renfermées dans un monastère par l'ordre du prince avec des gardes mises aux portes pour les garentir, n'ont peu esviter l'effort de noz soldatz, qui y ont commis plusieurs actes barbaresques, non sur les femmes et filles ou bourgeois seulement, mais sur les relligieuses aussy jusques à ne pas espargner les pauvres capuchins. Cela portera prejudice pour la suitte et fera mal parler de nous à ceux qui ne nous veulent

---

(1) *Sic* pour *Tirlemont*. Tirlemont est à dix-huit kilomètres de Louvain.

(2) Tirlemont s'appelle *Tienem* en hollandais et *Theenen* en flamand.

(3) Le 6 juin 1635. Les rédacteurs de l'*Art de vérifier les dates* résument ainsi l'histoire de la prise de Tirlemont (*Chronologie des rois de France*, tome VI, p. 250) : «Les Français et les Hollandais forcent Tirlemont et y commettent des désordres infinis. » Dans la *Chronologie historique de la Hollande* (tome XIV, p. 475), les vénérables auteurs ajoutent ceci : « La place ayant été emportée d'assaut, on était convenu qu'elle ne serait point livrée au pillage. Mais le prince d'Orange ayant permis à ses soldats d'y entrer, ils y commirent des horreurs de tous les genres. »

poinct de bien, et qui crient encore journellement contre le traitté qui a esté faict avec nous. On tenoit hier que Louvain s'estoit rendu. Vous en sçaurez davantage de Monsr Hotman (1) qui vous apprendra toutes ces nouvelles et plusieurs autres de Monsr Braslee qui luy escript. Je suis, Monsieur, vostre, etc.

A La Haye, ce 18 juin 1635 (2).

A Monsr Monsr du Puy, prieur de Saint-Sauveur, à Paris.

XI

Monsieur,

Je ne scay que dire d'estre si long temps sans recevoir de voz lettres. Ce n'est pas que les passages soient fermez. D'autres en reçoivent tous les huict jours et moy j'en reçoy d'autres que de vous. J'ay manqué deux ordinaires, c'est donc ce qu' vous a faict aussy manquer.

J'ay receu l'Apologie de Priceus (3) que Monsr de Wontnaegre m'a apportée. Il est honneste homme, mais assez mauvais critic (4) et son latin

---

(1) Vincent Hotmann, seigneur de Fontenay, alors conseiller au grand Conseil et, plus tard, maître des Requêtes de l'hôtel du Roi 1656), intendant des finances (1669), mort en 1683.

(2) *Ibid.*, f° 52.

(3) L'ouvrage de Jean Price sur l'*Apologie* d'Apulée.

(4) L'auteur de l'article *Price*, dans la *Biographie universelle*, déclare que ce critique « manque souvent de justesse dans ses raisonnements. » D'après la *Nouvelle Biographie générale*, Price « fut un des meilleurs commentateurs de son temps. » C'était aussi l'opinion d

n'est pas meilleur. J'y ay trouvé une excellente inscription grecque de Candie qu'il a fort mal entendue et expliquée. C'est tout le plus beau de son livre avec les autres figures qu'il y a insérées. Au reste, il n'a pas une correction qui vaille. Pour les interprétations, il n'y a rien de nouveau. J'estime néantmoins son labeur. Chascun faict ce qu'il peult. Il a leu les auteurs. Nos gentz ne font rien icy. Nostre grand Aristarche nous menace tousjours de son Nouveau-Testament. Il le doibt bailler tous les jours à l'imprimeur; cependant nous ne voyons rien (1). Il ne s'amuse qu'à me faire la guerre; il la faict puissamment, mais je m'en mocque. Il a espié avec les collègues qui sont de son party, que les curateurs et les bourgsmaistres qui estoien quand j'arrivay, ont esté hors de charge, afin de faire changer par les nouveaux ce qui avoit esté ordonné en ma faveur, touchant le rang qui m'a esté donné en l'Académie et l'ordre de la sortie. Mais ils n'ont rien advancé. Tout ce qu'ilz ont peu faire par leurs brigues a esté d'en faire differer la décision. Néantmoins j'espère l'emporter à leur barbe pour une assemblée extraordinaire qui se doibt faire à la Haye où ilz sont tous pour les affaires d'Estat. On me l'a ainsy promis. Si cela est, je demeure, car de reculer je ne m'y entends pas (2).

Richard Simon qui, selon le même Recueil, a loué la « grande érudition » de « cet habile scoliaste. »

(1) Ce fut quatre ans plus tard que Daniel Heinsius publia ses *Exercitationes sacræ ad Novum Testamentum* (Leyde, 1639, in-f°).

(2) Nous avons déjà vu (lettre VIII à J. Du Puy) une déclaration semblable : « Je ne m'entendz guieres en rétrogradation. »

Pour nos nouvelles, vous aurez sceu ce que nos Français ont faict en la prise et saccagement de Tienen. (Ce) sont des choses horribles et qui ruineront toutes nos entreprises et nos desseins. L'ennemy se fortiffie de jour en jour, et le courage leur croist. Même ceux qui estoient doubteux dans leur party, s'y confirment et ilz ont raison. Le clergé fonce de tout son pouvoir, les particuliers y couchent de leur reste. Ilz ne mettent point en compte que les chefs n'ont esté ni aucteurs ni faulteurs de ces désordres. C'est nommer improprement une si grande barbarie et inhumanité. L'on tient en ceste ville que le prince revient devers Breda : je n'en crois encore rien (1). Le bruict a aussy couru que les Liégeois s'estoient déclarez contre nous et ne vouloient plus envoyer des vivres, ce qu'on estime encore faulx. On a faict le pape mort (2) et beaucoup de bons catholiques (3), mais les Espagnols l'asseurent encores. Pour moy, je vous asseure seulement que je suis, Monsieur, vostre, etc.

A Leyden, ce 23 juin 1635 (4).

A Monsieur, Monsieur du Puy, prieur de Saint-Sauveur, à Paris.

---

(1) Le prince d'Orange ne devait revenir que beaucoup plus tard devant Breda. Ce fut le 21 juin 1637 qu'il en commença le siège.

(2) Urbain VIII ne mourut que le 29 juillet 1644.

(3) *Sic.* La phrase est évidemment tronquée. Le copiste a omis probablement ces mots : *le nient.*

(4) *Ibid.*, f° 55.

XII

Monsieur,

Je pensois que le dernier messager m'apporteroit de voz lettres et des nouvelles de nostre France. Encore qu'il soit venu sans cela aprez deux aultres, je ne laisray pourtant de vous mander des nostres, lesquelles sont tousjours entre l'espérance et la crainte, mais depuis samedy elles donnent plus à l'espérance sur une lettre du gouverneur de Lisle, escripte à Messrs les Estatz et confirmée par tout plein d'autres particuliers qui portent que Son Excellence a faict enfin reculer l'ennemy et quitter .les retranchements où il se tenoit allentour de Louvain, si bien qu'elle a passé la rivière dudict Louvain, sans s'arrester à la ville et a tiré droict vers Bruxelles, où l'on ne croit pas qu'elle doive non plus s'arrester, ains passera oultre pour aller à Dunermonde (1) en dessein de passer l'Escault et entrer dans le païs de Wast qui sera un coup de partie pour attaquer Anvers avec toutes les commoditez et facilitez qui se peuvent imaginer parce que d'icy l'on pourra tousjours envitailler (2) le camp et qu'il faudra peu d'hommes pour y former un siège qui durera tant moins que l'ennemy effrayé tire de toutes parts audict Anvers, comme en lieu

----

(1) *Sic.* Il n'existe aucune ville de ce nom. Il faut probablement lire Rupelmonde, sur la rive gauche de l'Escaut.

(2) M. Littré rappelle, dans son *Dictionnaire de la langue française,* sous le mot *ravitailler,* qu'au xvie siècle on disait souvent *renvitailler.* Notons que dans une des lettres suivantes, l'on trouve la forme *ravitailler. Envitailler* ne serait peut-être ici qu'un *lapsus* du copiste que nous avons déjà si souvent pris en faute.

de seureté, où les places et les logementz sont à présent si serrez qu'on n'en peut avoir pour de l'argent. Ce sont aultant de bouches qui ayderont à manger la ville et en rendront la prise plus aysée. Comme les bonnes espérances s'entresuyvent, on se promet icy une armée du Roy, en Picardie, qui entrera dans le Hainau et dans l'Artois. Jusques à ceste heure, on a eu peine à croire en ces quartiers que le Roy eust rompu tout de bon avec l'Espagnol. Nous en avons veu la déclaration des motifs de la rupture qui est une bonne pièce (1). Les navires du Roy d'Angleterre sont en mer, et ne sçait-on encores à quoy elles (2) seront employées. Le commun bruict porte qu'elles seront contre nous, puisqu'elles ne peuvent pas estre pour nous. Nous en sçaurons de plus certaines nouvelles avant que l'esté se passe. Si on assiège Anvers, nos lettres ne passeront plus. Je vous escriptz à la haste et suis, Monsieur, vostre, etc.

A Leyde, ce 25 juin 1635 (3).

A Monsieur, Monsieur du Puy, prieur de Saint-Sauveur, au logis de M. de Thou, à Paris.

----

(1) La déclaration de guerre fut insérée dans la *Gazette* du 20 juin 1635 (p. 335). On la retrouve dans le *Mercure françois* de la même année (p. 933).

(2) Le mot *navire* a longtemps été d'un genre incertain, et on le voit employé au féminin par Montaigne, par Malherbe et même par Bossuet.

(3) *Ibid.*, fo 55 vo.

XIII

Monsieur,

C'est à nous à vous mander des nouvelles et à vous de les recevoir de nous. Ainsy, chacun à son tour. C'est icy que les plus importantes affaires se doibvent desmesler. Noz voisins prestent le theatre où nous allons jouer les jeux, pourveu que nous mesmes ne le prestions point, puis aprez à d'autres, ce qui n'est pas hors d'apparence et semble que le dessein de ceux qui conduisent la barque, soit de rejecter le plus loing du centre qu'ilz pourront toutes les mauvaises advantures qu'ilz ont à craindre. Le long temps qu'il y a que nous menassons ceux de nostre voisinage et que nous temporisons, ne tend à autre fin qu'à dériver sur les partyes les plus esloignées et sur les extremitez la fluxion qui pourroit tomber sur le cœur. Enfin c'est tout de bon que nous en voullons au Comté. Toutes nos trouppes, après avoir bien mangé le pays amy jusques aux os (de quoy elles ne sont ni saoulles ni lasses), sont prestes d'aller donner dans la neutralité. Ils l'attacqueront par deux endroits et assiègeront en mesme temps Dole et Gré, pendant que d'aultres feront le degast. Pour cella on a fait provision de quantité de faulx et de faucilles. M. le Prince (à ce qu'on dict) les a envoyé sommer de bailler passage par leurs terres à l'armée du Roy, qui veult passer en Italie, et leur fournir estapes, avec trois places de seurté pour le retour, Gré, Dole et Salins (1). C'est rendre leur pays sans coup ferir. Ilz ne le feront pas. Ilz sont donc à nous. Noz gentz se promettent de bien graisser leurs bottes en ce pays vierge depuis si long temps, et Dieu sçait s'ilz s'oublieront à jouer des mains sans cousteau, puisqu'ilz ont sceu s'en escrimer si advantageusement par avant en ce pays. Vous pouvez estre asseuré que hors le bruslement, ilz ne scauroient pis faire dans le Comté qu'ilz ont faict dans le Duché. Comme tout leur est indifférent, amy ou ennemy, aussy ceux qui se voyent ainsy traictez par les leurs propres, tombent dans l'indifférence de l'asne d'Esope, que son maistre avoit fort chargé, et le tocquoit néantmoins fort rudement pour luy faire haster le pas à cause des voleurs qu'il voyoit de loing venir à luy. C'est lundy que se doibt faire la reveue des trouppes dont une partye fera monstre verz Mirebeau et l'autre prez d'Auxonne, pour commencer la besoigne dez le lendemain et mettre la main à l'œuvre, qu'on se promet facile et je le veux croire ainsy, veu la capacité des chefz qui le doibvent conduire à chef.

On dict cependant que les Comtois ne craignent

---

(1) On lit dans les *Mémoires* du marquis de Montglat (édition de 1728, t. I, p. 129) que le cardinal de Richelieu « avoit résolu de prendre Dôle en passant, et ensuite faire marcher les troupes en Italie, pour prendre ses quartiers d'hiver au retour dans le Comté, se saisir de Grai, et au printemps en faire autant de Salins et de Besançon, et se rendre maître de tout le pays. » La ville de Dôle fut investie à la fin du mois de mai par l'armée du prince de Condé et le siège fut levé le 15 août. Montglat parle avec enthousiasme (p. 135) de la résistance de la ville de Dôle, disant que « jamais gens ne se sont si vaillamment deffendus » et qu'ils méritent « un honneur immortel. »

point; je ne sçay s'ils se fient en leurs forces ou
sur la parole de Mgr le Prince qui les asseuroit, il
n'y a pas nombre de jours, que ce n'estoit pas à
eux qu'on en voulloit et leur jura cella en foy de
Prince. Ceux de Genève ny ne sont, ny ne font pas
les asseurez, à ce que j'ay veu par quelques lettres
escriptes de la dicte ville. Ils craignent que nous
ne voullions les donner pour curée au Sainct-Père
pour estre bien avec luy et remettre nostre réputa-
tation sus, assez esbranlée parmy les bons catholiques, de ce que nous faisons la guerre au roy
catholique et que nous avons alliance avec les Hollandois.

A ce propos fust encore pris un gros cordelier ez
portes de cette ville chargé de pacquets qu'il disoit
avoir pris à Paris, et qui prenoit le chemin du
comté. Il fut mené au parlement comme les cham-
bres y estoient assemblées, et M^r le prince present
pour la verification des Edictz, lequel l'a faict
mettre au chasteau, où a esté le Jesuite, et n'a pas
voullu que la ville ny le parlement en prist cognoissance. Il y a encore esté ce matin pour les mesmes
Edicts avec quattre autres encore de nouveau, et
leur a faict voir un pouvoir qu'il a eu du Roy, qu'en
cas de refus il le fit enregistrer, tout de mesme que
si le Roy y estoit present, duquel pouvoir neantmoins il n'a pas voullu s'ayder. Ilz ont député quelques-uns de la compaignie qui verront avec M^r le
prince ce qu'on pourra faire et s'ils feront remonstrances au Roy. C'est bien advisé comme si nous
estions au temps des remonstrances !

Pour les nouvelles qui me touchent, ce mesme

seigneur m'a asseuré que l'affaire que sçavez estoit
faicte (1) et que je le tinsse pour certain et que
pour l'asseurance du payement, si je ne le pouvois
tirer d'ailleurs, et que cella me fit de la peyne,
qu'il me le feroit avoir de ses coffres propres. Je ne
voy rien cependant que des parolles. Je lui ai faict
demander si je pourrois faire un voyage à Paris où
j'avois necessairement affaire avant qu'avoir receu
de plus authentiques preuves de la promesse qu'il
me faisoit, ce qu'il m'a accordé. Quand nous serons
là, nous verrons ce qu'il sera question de faire. Je
trouveray là des lettres qui me rappelleront, auxquelles j'obeiray si d'autres plus pressentes et plus
puissantes ne m'arrestent, ce que je ne crois pas.
Je n'attends plus pour partir d'icy, sinon que ma
femme soit guarie. Son mal ne vient pas d'où vous
pensez : elle est faschée de ce qu'on a si mauvaise
opinion d'elle, et moy je le suis de ce que je ne
suis party plustost et que je me suis laissé jecter
dans les chaleurs, saison mal propre à entreprendre
de si longs voyages pour une femme et des petitz
enfants qu'il me fault carrioler (1) avec moy. Je
leur avoy mandé, dez le commencement de l'hyver,
que je serois de retour en leur pays avec les cigo-
gnes et les hirondeles et j'ay bien peur qu'elles ne
soyent prestes à s'en retourner aux Indes quand
j'y arriveray. Quand y seray-je, après le séjour
qu'il faudra faire à Paris à voir mes amys, et puis

---

(1) L'affaire du retour de Saumaise désormais pensionné par le roi
de France.

(2) On chercherait en vain le verbe *carrioler* dans les dictionnaires
de Richelet, de Trévoux, de M. Littré, etc.

qu'il me faille attendre troys moys le vent à un
port de mer, comme je fis en venant. Nonobstant
cella, adieu, France, adieu ! Je ne regretteray point
de reporter mes os où le mesme soleil et la mesme
lune luisent qu'en France, mais avec une plus
benigne influence pour moy.

Vous aurez tousjours un serviteur en Hollande
qui n'y est pas encore. C'est, Monsieur, vostre trez
obeyssant que vous cognoissez.

A Dijon, ce 24 mai 1636 (1).

A Mons' Mons' du Puy de Saint-Sauveur, à Paris.

XIV

Monsieur,

Ne trouvez pas mauvais si vous estes si souvent
importuné de mes lettres. C'est que je n'ay autre
chose à faire. Ce n'est pas que je ne sache que
n'ayant pas respondu de mon oysiveté, vous n'estes
pas tenu de le payer si cherement, mais vous
sçavez aussy qu'il fault que les amis supportent des
amis. Je suis le plus empesché homme du monde
et de ma contenance et de ma personne, et de
mon loysir. Pour ma contenance, je n'en ay point
de meilleure qu'à regarder le vent de quel costé il
vient. Pour ma personne je n'en faictz autre chose
que la promener et repromener de costé et d'autres. Il n'y a que mon loysir qui me tue par ce que

(1) *Ibid.*, f° 49.

je ne sçay qu'en faire ny à quoy le mettre. Enfin, depuis peu j'ay trouvé chez un malheureux libraire que je n'avois point encôre veu un Ælian grec de la propriété des Animaux. Je le lis depuis peu de jours et y trouve, en le lisant, beaucoup de passages considerables qui m'arrestent pour ne pouvoir estre corrigez ou restablis sans l'ayde d'un manuscrit. Il me souvient d'en avoir veu un en la Bibliothèque du Roy assez bon. Je serois bien ayse de le voir pendant le sesjour que j'ay à faire icy qui ne peut estre que long, parce que nous avons besoing de deux sortes de vents pour nous porter en Hollande, un vent d'amont qui nous apporte les vaisseaux de là, et puis un vent d'aval qui nous emmène d'icy. Pour me le faire tenir seurement, il est aussy aysé que de l'envoyer de la Bibliothèque en mon logis quand je demeurois à Paris et ne fauldra que le bailler au sieur Mathurin qui le baillera au coche de Rouen à l'addresse que je luy ay enseignée, qui est le beau-frère d'un marchand qui a correspondance en ceste ville avec un autre marchand de ma congnoissance, et puis tous les jours nous avons icy un messager de Rouen qui est fort seur. J'en escriptz à Monsr Rigault et vous prie de luy bailler ma lettre et de me seconder en la prière que je lui faictz. S'il n'estoit pas à la ville, c'est à vous-mesme que je la faictz. Je luy donne parolle et vous la donne aussy que je ne luy feray point passer la mer. Pour le renvoier je ne manqueray non plus de commodité seure soit par la mesme voye, soit en le baillant à Madlle de Caen ou mesme à M. le gouverneur, mais la voye ordinaire n'est qu'assez bonne.

Quant à nos nouvelles d'icy, le messager de Callais nous vient d'apprendre qu'un grand vaisseau françois qui venoit de Bayonne, ayant faict naufrage, par la tempeste, a esté jetté à la coste du dict Callais. Je n'ay rien appris de nostre Bourgongne depuis voz dernieres et la leuée du siège de Saint-Jean-de-Losne (1), sinon qu'on en a faict partout des feuz de joye et chanté le Te Deum. Je suis bien ayse que nos Bourguignons se deffendent mieux que n'ont faict les Picardz (2), mais ceste grande armée impériale me tient en peine qui loge et vit dans nostre province, et puis celle du Roy qui mange comme l'autre, tout cela ne me promet rien que la ruine du païs qui est desja bien advancée. Je pense après ce que nous deviendrons en ce printemps, si nous sommes attaquez de deux ou trois endroictz comme nous serons bien vraysemblablement. Vous direz que j'ay bonne grace en l'estat où je suis dans l'impatience où je doibs estre et l'apprehension de mon passage de jetter mes pensées si loing, ayant assez de mal present pour m'occuper l'esprit.

Laissons donc cela à ce qui adviendra et nous tenons à ce qui est desja advenu, qui me donne

---

(1) Le siège avait été mis par Charles IV, duc de Lorraine, et par le général Galas, devant la petite ville de Saint-Jean-de-Losne, le 31 octobre, d'après Montglat, le 25 octobre, d'après l'*Art de vérifier les dates.* Voir dans ce dernier Recueil (tome VI, p. 252) un récit très animé de l'héroïque résistance de cette place qui était presque sans fortifications et sans soldats, récit qui se termine ainsi : « Le siège de celle bicoque est honteusement levé (3 novembre) par la nombreuse armée des Impériaux. »

(2) Les Espagnols avaient pris facilement La Capelle et le Catelet, en juillet, et Corbie, le 15 août.

assez de subject de fascherie sans aller prendre par anticipation celle qui n'est pas encore arrivée. J'espère que je recevray en ce lieu les traictez militaires de Milan, que M' de Peiresc me doibt faire avoir. Ce qui me faict plus ambitieusement demander le manuscript d'Ælian est qu'il a plusieurs noms d'animaulx et d'oyseaux Ægyptiens, desquelz je veux scavoir la vraye appellation qui est bien souvent alterée et corrompue dans les imprimez. Je vous en supplie donc encore une fois et suis de toute mon affection et, comme l'on parle à présent, de toutes les puissances de mon àme, Monsieur, vostre, etc.

A Dieppe, ce 27 novembre 1636 (1).

Mons' Mons' de Saint-Sauveur du Puy, à Paris.

XV

Monsieur,

Je ne suis plus dans la Bastille, mais je suis tousjours à Dieppe et logé depuis quelques jours en la rue de la prison. Si j'y demeure aultant que j'ay faict en l'autre logis, l'année qui vient m'y trouvera. Le bruict de l'hostellerie et la fumée du tabac m'ont chassé de mon ancien poste qui ne m'eust pas tant gardé si j'eusse plustost peu trouver à loger en maison bourgeoise. Le vent a tousjours esté bon

---

(1) *Ibid.*, f° 38.

trois jours durant pour nous amener des vaisseaux
de Hollande, vendredy, samedy et dimanche les
derniers passez, et par effect ilz sont venus, mais
pour vous monstrer comment je suis heureux pas
un ne s'est aresté à Dieppe et sont tous descenduz
jusques au Havre. Voyla un bon affaire pour moy
s'il fault que j'aille chercher et prendre la commodité pour passer au Havre de Grace qui ne sera
guieres gracieux pour moy en la saison où nous
sommes, les chemins estants tels qu'ilz sont et trez
mauvois et mal surs à cause des garnisons qui sont
en tous les villages de ceste province où les soldatz
mal payez se payent par leurs mains, en pillant
tout ce qu'z rencontrent. Les villageois fuyent
partout et abbandonnent tout. J'ay envoié, ce
matn, un homme au Havre exprez, pour sçavoir au
vray si les vaisseaux de guerre repasseront par icy,
ainsy que quelques-uns me veulent faire entendre,
mais j'y fus attrappé. Il y a six sepmaines, Monsieur le gouverneur de ceste ville (1) m'a faict la
faveur d'escripre à celluy du Havre pour le prier
de s'en informer des cappitaines et nous en mander
nouvelle asseurée et au cas que je n'eusse assez de
temps de les faire attendre un jour ou deux, ce qui
sera neantmoins fort difficile, car ces gentz-là
n'attendent point.

Quant à la retraitte de Monsieur et de Monsieur

---

(1) Le gouverneur de la ville de Dieppe était alors Guillaume de
Montigny. Il resta gouverneur de 1619 à 1641. Voir sur lui les *Anti-
quités et Chroniques de la ville de Dieppe*, par David Asseline, prestre
(Dieppe, 1874, 2 vol. in-8°).

ˡe comte (1), on tient icy qu'elle n'est pas de telle consequence qu'on l'avoit apprehendée du commencement, et Monsieur nostre gouverneur me l'a ainsy asseuré. Je ne le vois guières que quand il prend la peine de descendre à la ville ou qu'il m'invite à disner. Je ne prendz pas au reste fort grand plaisir de monter si souvent au chasteau et passer par trois ou quatre portes, à travers de longues hayes de soldatz. En vostre considération il m'a obligé en tout ce qu'il a peu, et croys vous l'avoir desja ainsy escript. J'auray bien de la peyne à me resouldre de charioler (2) ma femme qui est fort incommodée et ma petite fille deux ou trois journées de chemin, et dans une charrette, car il ne se trouve point en ceste ville d'autre voiture pour aller au Havre, oultre les chevaux de selle. Si je ne prendz point ceste resolution là, comme elle me sera malaisée à prendre, me voicy encore en garnison pour une bonne partie de l'hyver. De vous dire ce que je feray je n'en sçay rien. Quand je regarde le temps que j'y ay desja passé, je m'imagine que j'y en passeray bien d'autre. Peut-estre que des deux vaisseaux de guerre qui sont au Havre l'un aura charge de me prendre en passant, car je leur ay escript par deux ou trois fois s'ilz vouloient m'avoir qu'ilz missent ordre de me faire passer. Ceux qui emmenerent le dernier convoy

---

(1) Sur la retraite (20 novembre) de Gaston d'Orléans (à Blois) et du comte de Soissons (à Sedan), voir les *Mémoires* de Montglat, édition déjà citée (t. III, p. 168-169).

(2) Nous avons trouvé, plus haut, la forme *carrioler* (Lettre XIII, à J. Du Puy).

avoient desja eu cest ordre de l'admiraulté de Rotterdan, de me prendre avec toute ma famille.

Comme j'achevois la presente, j'ay receu les vostres avec celles de Mr Rigault et l'Ælian de la Bibliothecque. C'est un renfort pour m'amuser dans le temps que j'ay à perdre. J'ay envie de le conferer, mais je l'ay encores plus grande de ne le pas faire. J'auray tousjours assez de loysir pour y voir quelques passages dont je suis en doubte et qui payeront le port qu'il m'a cousté de venir et qu'il coustera de renvoier. Je vous ay promis qu'il ne passeroit poinct la mer, et il ne la passera pas. Je vous remercie de voz nouvelles. J'en ay receu aussy de Bourgongne telles que je les desirois pour ce qui concerne la santé de mon père, qui a tousjours esté à Beaulne pendant l'orage qui est cheu sur nostre province. Le parlement ne recommencera sa seance, qu'aprez le premier jour de janvier, à cause de la peste qui est grande à Dijon. Ilz ont parlé ou demandé d'estre transportez à Semur, ville capitalle de l'Auxois, tant pour la dicte peste de Dijon que pour d'autres considérations.

Je ne sçay si vous aurez sceu une plaisante histoire arrivée à Citeaux lorsque les Imperiaux tenoient ceste Abbaie. Elle est feriale. Après avoir pillé ce monastère, un Cravate s'advisa d'un tour qui est bon à redire quand mesme il vous auroit esté dict. Il feit proceder à l'election d'un nouveau general d'ordre en disant qu'il y avoit assez long temps que les François jouissoient seulz de ceste dignité, mais à present que l'Abbaye estoit tombée soubz la puissance de l'Empereur qu'il falloit eslire un general de sa nation. Il commença à faire rompre et deschirer un tableau qui représentoit Son Eminence. Après il feit venir tous les moines qui estoient restés et pour les autres qui avoient esté tuez ou s'en estoient fuis, il prit leurs habits et frocs blancs et en encapuchona aultant de ses soldatz, et les ayant tous assemblez en chapitre il se fist nommer pour general de l'ordre après s'estre revestu de l'habit et des ornementz abbatiaux, avec le bonnet sur sa teste et sur le bonnet quarré un autre bonnet à la Hongroise et le cimeterre au costé et en cet habit prononça de nouvelles règles pour l'ordre. Je ne croi pas que vous croyiez que le Saint-Père approuve ceste election. Si vous la scaviez vous avez tort de ne m'en avoir point faict part plustost. Si vous ne la scaviez pas, je vous l'apprens (1).

Il n'y a personne au reste qui desire plus la paix que moy, et qui l'espere moins. Je la desire pour les mesmes raisons qui vous la peuvent faire desirer, et pour une autre encores que vous n'avez point et qui vous touche peu, afin de pouvoir passer en Hollande par terre sans me mettre sur mer, laquelle je crains à present plus que je n'aymeray jamais la Hollande. Jugez par la presente que je suis fort de loysir et que j'en ay par dessus la teste.

Je baise les mains à Messrs voz freres. J'escripray

---

(1) Connaissait-on cette *plaisante histoire* que Saumaise conte si vivement? Je n'en retrouve aucune trace dans les mémoires du temps.

à Monsʳ Rigault en lui renvoyant son Ælian pour le remercier.

A Dieppe, ce 17 décembre 1636 (1).

Je suis, Monsieur, vostre, etc.

Monsieur Monsieur du Puy, prieur de Saint-Sauveur, au logis de Mʳ de Thou, à Paris.

———————————

XVI

Monsieur,

Vous avez raison de dire qu'il semble que je sois plustost appellé par ceux de Dieppe que par ceux de Leyden, ce que vous diriez à meilleures enseignes si vous sçaviez l'estat qu'ilz font de moy et les qualitez qu'ilz me baillent. Il y a quelque temps qu'une mercière demandoit à mon laquais qui estoit allé prendre quelque chose en sa boutique pour ma femme, s'il n'estoit pas à ce grand operateur qui attendoit icy pour passer en Hollande. Je vous diray bien pourtant que si je leur desplaisois aultant comme le sesjour de leur ville me desplaictz, ilz m'auroient pieça (2) chassé hors de leurs murailles, mais afin que vous sachiez que je ne suis pas malheureux de tout poinct, vous m'advouerez que je doibs compter pour un grand bonheur de ce qu'il ne m'a poinct fallu aller prendre le navire au Havre de Grâce. Il y a huict jours que mon homme en retourna et

———————————

(1) *Ibid.*, fᵒ 39.
(2) De *piece* et *a*, il y a pièce de temps, il y a longtemps. Le mot pièça, que regrettait M. Littré, se retrouve dans des vers de La Fontaine.

m'apporta des lettres du cappitaine dudict vaisseau
où il me mandoit qu'il passeroit par Dieppe, et
qu'il y viendroit au premier bon vent. Or il y a prez
de quatre ou cinq jours que ce bon vent là règne,
et nous avons sceu que ce qui l'empesche de venir,
est qu'il a receu ordre d'attendre un pacquet d'importance pour ses maistres, qui debvoit luy estre
envoié de France. J'ay apprins par les vostres que
je receuz hier que c'est le pacquet de ce nouveau
traicté faict avec les Hollandois (1).

Comme je commençois la presente, je viens d'apprendre qu'il seroit icy à ce soir ou demain matin.
Ce sera pour faire voile aussy tost. Et voicy donc,
s'il plaist à Dieu, la dernière que je vous feray de
Dieppe, et qui ne sera pas si longue que les autres,
parce que je n'ai plus subject de me plaindre, qui
estoit la seule matiere dont j'enflois mes lettres. Je
renvoye le manuscrit de la Bibliothecque après en
avoir tiré tout ce que je voulois. Je rescris à Mr de
Peiresc. Je baise les mains à tous les amis et particulièrement à MMrs voz frères et suis de tout mon
cœur, Monsieur, vostre, etc.

A Dieppe, ce 22 décembre 1636 (2).

A Monsr Monsr du Puy, prieur de Saint-Sauveur,
à Paris, au logis de M. de Thou.

---

(1) Un nouveau traité entre la France et la Hollande avait été signé
le 16 avril 1636. Un autre traité entre ces deux nations allait être
conclu le 17 décembre 1637.

(2) *Ibid.*, fo 40.

XVII

Monsieur,

Je commenceray à faire response aux vostres du 1 febvrier, par la nouvelle dont vous m'avez faict part, qui m'a semblé la plus nouvelle, comme estant inouye depuis que les lettres sont sortyes de la barbarie. Vous eussiez esté fort empesché d'en trouver une autre pour me mander qui eusse peu me paroistre plus estrange. Ne me demandez donc pas ce que j'en pense, car je ne vous en sçaurois dire autre chose, sinon que je ne suis pas de ces espritz raffinez qui se plaisent d'aller aux égarées. Je me contente de suyvre les grands chemins où je rencontre parfois quelque boursse que ceux qui ont passé devant moy y ont laissé cheoir, et de cella je fais mes choux gras et bonnes festes. J'ay aimé cet autheur là (1), et l'ay manié en ma jeunesse, autant qu'aucun autre poète latin, et ne vay gueres jamais sans luy. Et c'est merveille que je n'en ay point à cett'heure avec moy. Mais il ne me souvient pas d'y avoir jamais remarqué ny des vers fourrez, ny d'odes supposées. Elles ne vont pas à la vérité toutes d'un mesme vol comme touts les enfants de mesme père et de mesme mère ne se ressemblent tousjours pas. Mais elles viennent toutes d'une

---

(1) Il s'agit d'Horace, dans les poésies duquel un critique très fin, mais trop ami du paradoxe, François Guyet, avait signalé diverses interpolations. Sur Guyet, qui fut le devancier du bon père Hardouin, l'auteur du *pseudo-Horatius*, voir le *Dictionnaire* déjà cité de M. C. Port (tome II, p. 338).

mesme veine et représentent un mesme genie.
Aussy ne sont-elles pas toutes faictes un mesme
jour ny en mesme moulle. Qui est celluy des poëtes
qui sont aujourd'huy, qui s'estant mis à faire un
sonnet le matin, et puis en faisant un autre aprez
disné, les puisse contourner si esgallement qu'il
n'y paroisse en l'un et en l'autre quelque chose qui
fasse dire que le poète estoit en meilleur humeur et
en veine plus gaillarde, faisant cettuy-cy que cettuy-
là? Il y a tant d'autres cas qui se rencontrent qui
font que le versificateur est plus aveiné (1) ou l'est
moins, et par conséquent plus propre à faire une
bonne pièce de son mestier à une fois qu'à une
autre.

Scaliger, le père, trouve cette ode d'Horace:
Quem tu, Melpomene, semel, si excellente par dessus les autres, qu'il ose dire que si c'estoit à son
choix, il aymeroit mieux l'avoir faicte que d'estre
roy de Perse. Les autres à son jugement ne von
pas là et sont néantmoins toutes d'un mesme père.
Trouvez en une dans nostre Ronsard qui vaille celle
qu'il a composée à la louange de l'Hospital: *Errant
par les champs de la grâce.* Noz poetes d'aujourdhuy qui le desprisent se mordroient bien les ongles
avant que de pouvoir monter leur chanterelle si
hault sans la rompre (2). Il y a encores cette différence entre les odes d'Horace qui peult faire qu'on

---

(1) Qui a de la veine, de l'inspiration. Le mot manque à tous nos
dictionnaires.

(2) S'attendait-on à trouver dans une lettre de Saumaise un si vif
éloge d'une pièce de Ronsard? La forme heureuse donnée par le
grand savant à cet éloge le rend plus remarquable encore.

en trouve quelques-unes de dissemblables aux
autres; est-que toutes ne sont pas de son cru et de
son invention, la pluspart n'estant que des versions
des anciens lyriques grecs, d'Alcœus, de Simoni-
des, de Sapho et autres (1), comme il nous appert
par les fragments qui s'en rencontrent chez les
grammairiens. Il me faudroit apresent trop de
temps pour vous les distinguer. Et puis je n'ay pas
icy mon Horace ni mes papiers. Je vous puis pour
l'heure seulement asseurer que je ne croys pas qu'il
y ayt aujourdhuy critique qui me puisse preuver
par bonnes raisons que de toutes les odes d'Horace,
une seule, si petite soit-elle, doibve estre soupçon-
née, moins arguée de supposition. Et de cella, je
m'en rapporte au jugement de Monsr Grotius, lequel
n'advouera jamais, comme je crois, ce que Monsr
Guiet nous veult faire accroire. J'en dis autant des
vers fourrez, que les critiques grecs appeloient
παρεμϐολὴ. Il travailleroit assez à nous en monstrer
un seul à appuyer son opinion de quelque solide
argument. Et c'est ce qui seroit bon de sçavoir
quelles sont les odes qu'il estime adulterines (2), et
quels sont les vers qu'il faict passer pour bastards.
Si nous les sçavions, nous aurions bien champ pour
luy respondre. Heinsius s'est voullu mesler de
trouver des transpositions dans l'épistre *ad Pisones*,

---

(1) Un éminent critique, W.-S. Teuffel (*Histoire de la littérature
romaine*), traduction de MM. J. Bonnard et P. Pierson, t. II, 1881
p. 56) a rappelé qu'Horace « transplanta Alcée et Sapho sur le sol
romain. »

(2) M. Littré ne cite aucun exemple de l'emploi de cette expression métaphorique.

en quoy il a si mal reussy que j'ay de grands cahiers
contre luy pour faire voir qu'il s'est fort abusé. J'ay
autresfois si bien feuilleté cez autheurs que encores
je pourrois monstrer une douzaine (à parler fort
modestement) de corrections insignes et autant
d'interprétations indubitables qui n'ont esté tou-
chées de personne. En voicy une seulement pour
le goust. Quand vous voudrez je vous estalleray les
autres

Pas un des interpretes ne peult bien encores se
desmeler du commencement de cett'ode (1), *Vitas
hinnuleo me similis, Chlo.. Qui seu mobilibus veris
inhorruit — adventus foliis, seu virides rubum —
Dimovere lacertæ, — Et corde et genibus tremit.* —
Je ne scay si je rapporte les mesmes mots (2), car
c'est sans voir le livre, mais ce *veris adventus* a
mis en bredouille les critiques. Les autres lisent
adventum (3), mais tout cella ne dict rien; ils
debvoient voir qu'il falloit lire : *Qui seu mobilibus
vepris inhorruit. — Adventum foliis* (4). La faulte
est venue de ce que dans l'escripture qui s'appelle
longobardique, le *P.* et le *R.* sont quasi faictz de
mesme façon, R. P., comme ils lisoient donc

---

(1) Ode xxxiii du livre I.

(2) Saumaise, trahi par sa mémoire, a substitué, dans le cinquième
vers de l'Ode à Chloé, le mot *que* au mot *nam*.

(3) Parmi ces *autres*, il faut placer les éditeurs de l'*Horace* de la
collection Nisard (1850, p. 13).

(4) Dans l'*Horace* de la collection Nisard, on donne la forme : *Vepris enhorruit.* M. Patin (*OEuvres d'Horace, traduction nouvelle avec le
texte en regard* (1866, t. I, p. 69), adopte la leçon que voici :

*Veris inhorruit
Adventus foliis.*

verris au lieu de *vepris*, les correcteurs qui sont venus depuis en ont faict *veris*. Laissons là cette chicane pour venir aux nouvelles du monde.

Il y a un cordelier au Comté dans nostre voisinage et qui est un François de nation qui presche merveilles contre nous, pour l'Espagne. Il se baille au diable par une belle phrase, si nous ne portons touts devant que soit six moys l'escharpe rouge. Il est en pays où il peult dire encore pix et nous ne le tenons pas. Il y a quatre jours qu'on m'asseuroit qu'il y avoit en cette ville un gentilhomme envoyé exprès par le comte de la Suze, qui est à Montbelliard (1), à M. le prince pour luy donner advis comme Colmar et Selestat (2) avoient esté ravitaillez avec la perte de 7,000 hommes des gentz de Gallas. En son absence, M. le Marquis de Tavenes (3) qui est lieutenant de Roy, icy, a receu le pacquet néantmoins je ne crois pas que cella s'accorde bien avec ce que vous m'en mandez par les vostres, puisque seulement au 21ᵉ du moys passé l'on se préparoit pour cette expédition à ce que vous en escrivoit M. de Thou. Ils auroient bien faict de la besoigne en peu de temps.

(1) Montglat (*Mémoires*, t. I, p. 140, sous l'année 1636) parle ainsi de ce vaillant capitaine : « Dans ce même temps, le comte de la Suze, gouverneur de Montbéliard, fit une entreprise sur la ville et château de Beffort, qui lui réussit heureusement ; car aiant la nuit fait appliquer un pétard à la porte avec succès, il entra dans la ville de force ; puis ayant dressé une batterie de quatre pièces contre le château, il le contraignit de se rendre à composition. »

(2) On a reconnu la ville de Schelestadt.

(3) *Sic* pour *Tavanes*. Sur ce personnage, comme sur tous les membres de sa famille, il n'y a plus à citer que l'ouvrage de M. L. Pingaud : *Les Saulx-Tavanes* (Paris, 1876, grand in-8°).

Nous attendons icy M. le duc d'Anguien (1) lequel on croit estre desjà party de Paris pour venir en ceste ville. Son père a escript au maire qu'il ne voulloit pas qu'on luy fist entrée et qu'on luy bailla le dé. La maison de ville néantmoins a résolu qu'on luy iroit au devant, ainsy qu'on faict aux gouverneurs, et on despeche un courrier vers mondict seigneur le Prince pour le luy faire trouver bon. Bon soit ! L'on m'escript de Hollande qu'il descent quantité de trouppes d'Alemagne qui viennent en Flandres. Seroit-ce point pour nous ? c'est-à-dire pour la Picardie. De tresve on ne l'espère pas. La peste se renouvelle en beaucoup de villes, se met où elle n'avoit point esté l'esté passé et se rengrege où elle avoit passé. M. le Mareschal de Brezé (2) est à la Haye, à ce que m'escript une dame là, qui y passe fort bien le temps avec mesdamoyselles de Horn, ses voysines, qui luy gaignent des pistoles, lesquelles il est bien ayse de perdre.

Je vous prie me sçavoir dire s'il y a point parmy voz livres escriptz à la main ou ceux de M. de Thou, quelque manuscrit de Vegece qui soit de bonne marque. C'est un autheur dont noz gentz qui ont traicté de la milice romaine ne font point d'estat et n'en parlent pas en meilleur terme, sinon

---

(1) Le futur vainqueur de Rocroy n'avait, en 1636, que quinze ans.

(2) Urbain de Maillé, marquis de Brezé, né en 1597, mort en 1650, fut le beau-frère du cardinal de Richelieu et le beau-père du grand Condé. Le maréchal avait été envoyé à La Haye en 1695 pour aider le baron de Charnacé à réussir dans ses négociations avec le prince d'Orange.

que c'est un homme qui a escript des chansons et
des choses qui ne furent jamais pratiquées chez les
Romains en leur guerre. Mais je ne suis pas de leur
advis et leur prouveray le contraire, car tout ce
qu'il en dict ne vient pas de son estre, ains de ceux
qu'il a compilez et qui vivoient en un temps que
l'art de la discipline militaire estoient en sa fleur
du temps de Trajan et d'Adrian, et scay de bonne
part qu'il parle la pluspart du temps par la bouche
de Frontin qui avoit escript de la science militaire
et des stratagèmes, mais il ne nous en est resté que
les stratagèmes. Je voudrois bien sçavoir aussy si
le petit traicté de *Modestus ad Tacitum Augustum,*
de vocabulis rei militaris (1), se pourroit rencontrer
dans vostre librairie. Noz criticqs se sont imaginez
faulsement que cet autheur avoit tout pris de Vegece
qu'il avoit comme epitome, si le tiltre est vray *ad*
Tacitum August. Où en sont-ils? Ce que j'en crois
est que l'un et l'autre ont pris d'un mesme lieu ce
qu'ils en ont laissé par escript, Vegece plus difficile-
ment, et celluy-ci plus compendieusement (2). Ils
sont fort corrompus touts deux. J'ay veu quelques
manuscrits de Vegece que j'ay conferez, mais point
de Modestus, lequel je tiens avoir esté trez asseure-
ment plus ancien que Vegece. Ce n'est pas là
l'unique paradoxe qu'il me faudra soustenir en

---

(1) Voir sur les diverses éditions du traité de Modestus le *Manue*
du libraire (t. III, col. 1782-1783).

(2) Saumaise, en opposant dans cette phrase la brièveté de Modestus à l'abondance de Végèce, inflige une leçon aux écrivains qui
n'hésitent pas à donner au mot *compendieusement* le sens de *longue-*
ment.

escrivant de la milice. Je ne scay s'ils ne me réus-
siront pas mieux que celluy que deffend ce censeur
de voz amis (1). Si je sçavois n'y pas mieux rencontrer ny avec plus d'approbation de la bande des
scavants, je bruslerois tout ce que j'en ay desjà
faict et ne penserois pas à en escrire une pensée
davantage. Il faudroit néantmoins l'ouyr là dessus
et vous me feriez plaisir de me cotter un vers seul
ou une petite odelette de celles (2) qu'il tient pour
suspectes. J'ay cella fort sur le cœur et ne puis
souffrir des opinions si extravagantes sans y oppo-
ser une armée de raisons rengées en bataille pour
le terrasser, ce que je vous prometz néantmoins ne
debvoir esclatter qu'entre nous et m'obligerez de
me tenir promesse à ce que je vous ay remarqué
fort secret et sans nommer vostre autheur. Vous
sçavez qu'il est et sera toute sa vie, Monsieur,
vostre, etc. (3).

A Mons, Mons du Puy, prieur de Saint-Sauveur, à Paris, au logis de M. de Thou.

---

(1) François Guyet.

(2) Un de nos poètes contemporains, M. Théodore de Banville, a
rendu le nom d'*Odelettes* célèbre. Le mot avait été employé au
XVIIIᵉ siècle (par Voltaire), au XVIᵉ siècle (Voir le *Dictionnaire* d'Ou-
din). Il nous manquait un exemple pour le XVIIᵉ siècle. Désormais la
série est complète.

(3) *Ibid.*, fᵒ 59. La lettre n'est pas datée. On a mis à la marge et en
tête : 1636. J'ai cru devoir placer cette lettre à la suite de toutes les
lettres de cette année qui ont une date précise.

XVIII

Monsieur,

Il n'y a pas encore quinze jours que je suis arrivé en ceste ville de Leyde et y suis arrivé malade et l'ay tousjours esté depuis que j'y suis, ce qui m'a empesché de vous escrire plustost. Je commence à sortir depuis deux jours seulement. Je vous escripvis du jour de mon despart de Dieppe qui fut fort précipité et sur une mauvaise nuict que j'avois passée sans dormir par un grand catharre qui faillit à m'estouffer. Ma femme fit ce qu'elle peut pour empescher que je ne m'embarquasse, ayant esté et estant encore si malade et dans un temps si fascheux et si froid. Elle n'en fut pas creue. Nous n'avons esté que trois jours sur mer, mais malades à l'accoustumée, c'est-à-dire jusques à l'extrémité, avec la peur où nous estions des Dunkerquois, qui avoient 20 vaisseaux en mer, quinze fregates et cinq grandz vaisseaux, où nous n'avions qu'un vaisseau de guerre qui n'eust pas rendu combat, si nous eussions esté rencontrez par quelques-uns de ces grandz comme nous le fusmes des petitz, qui nous suyvirent et coctoyerent quelque temps, pensantz d'attrapper à l'escart quelques vaisseaux marchandz de ceux que nostre navire escortoit. En ce mesme passage et en mesme temps quatre vaisseaux Hollandois d'une flotte qui retournoit de Nantes chargée de vin furent pris par eulx. Mais la bonne fortune de la faveur nous conduisoit, puisque nous avions avec nous les hardes de M. de Charnassé

qui estoient un carrosse fort beau et soixante cinq
balots, qui l'ont tenu long temps en apprehension
qu'ilz n'arrivassent à un autre port, tant il se deffioit
de son bonheur. J'avois plus de subject de me def-
fier du mien, car le malheur m'a persequuté jusques
au bout. J'avois assez langui et pati en France, attendant le passage pour passer tout droict et sans
obstacle, qui nous obligea de faire encore quelque
malheureux sesjour en quelque infortuné port de
mer.

Nous fusmes contrainctz d'arrester à la Briele (1)
où toute la nuit les glaces qui venoient choquer à
monceaux nostre navire faillirent à le faire perdre
et tindrent en échec sans dormir et les matelots et
le cappitaine et nous aussy par mesme moyen, qui
estoit un bon raffraischissement pour des gens tra-
vaillez et malades comme nous estions. Le jour
venu l'on nous met à terre par un temps où l'eau du
ciel n'estoit point épargnée à ceux qui marchoient
sans parapluie. En cet estat il nous convint (2) estre
sur le pavé trois heures durant sans pouvoir trouver de couvert ni d'hostellerie où l'on entendist
nostre langage. Car d'estre ailleurs nous ne pouvions, n'ayant personne qui peust demander ce
qu'il nous falloit et nous avions besoing de plusieurs choses. Enfin aprez avoir bien cherché un
soldat de la garnison qui masticotoit (3) un peu de

(1) *Brielle* est à 23 kilomètres de Rotterdam, sur le bord méri-
dional de la vieille Meuse.
(2) C'est-à-dire : il nous arriva (de *convenire*, venir avec).
(3) Je prends la liberté de remplacer ainsi l'inexplicable et impossible mot *dasticotoit*, qui est certainement un *lapsus calami* du co-

françois nous adressa à un petit cabaret où nous [nous] mismes à l'abri de la pluie, bien heureux d'avoir si bien rencontré, et si tost, veu la necessité qui nous pressoit de plus d'un costé. Il fallut premièrement se seicher, ce qui ne fut si prompt, car le feu de tourbe est aussi lent que ceux qui s'en servent (1). Après avoir esté un peu reschauffez, nous demandasmes un lieu pour aller *ad requisita naturæ*, car la mer nous avoit un peu laschez ; on nous conduisit sur les murailles de la ville qui n'estoient pas loing de là. Il falloit pourtant passer une assez longue reue avant que d'y parvenir. La necessité faict tout trouver bon et aysé. Ce cabaret au reste estoit double, car c'estoit aussi un b.... (2). Et pour vous monstrer comme le bonheur nous accompagna tousjours, nous y trouvasmes de la cognoissance. Un François Bourguignon qui souffloit du tabac dans ce vénérable lieu, voyant entrer des gentz qui n'estoient pas du tout faitz comme lui, demanda à mon laquais qui nous estions ; ce coquin me nomma ; l'autre me congnut et dit qu'il estoit de Dijon et qu'il avoit servy le prestre Desgans, lequel prestre, sans offenser l'ordre et la religion, a la réputation d'estre un indigne m...., et l'est en effect, car personne n'en doubte en mon païs. Pour me tirer de ce mauvais pas je m'advise

---

piste. *Masticoter* serait la traduction familière du verbe *masticare* et répondrait à notre mot *mâchonner*.

(1) Cette plaisanterie sur le flegme hollandais n'est-elle pas excellente ? Et avais-je tort d'annoncer que bien des pages de la correspondance de Saumaise sont assaisonnées de sel bourguignon ?

(2) Saumaise n'hésite pas à écrire le vilain mot en toutes lettres, comme aussi un autre vilain mot un peu plus bas.

aprez le disner d'aller voir un des ministres ou pasteurs de la ville. S'il ne parloit françois, il pourroit parler latin. Je m'adressay si bien qu'il sçavoit l'une et l'autre langue (1). Je luy dictz l'incommodité de mon logement et si par son moyen je pourrois poinct trouver à loger chez quelque bourgeois qui entendist quelque mot de ce que je diroi. Il me promit de s'y employer et qu'au reste j'estois logé dans le plus infâme lieu de la ville et qu'il se falloit bien garder d'y coucher ; que si nous ne trouvions devant la nuict, qu'il avoit un lieu pour ma femme et pour moy, et que pour ma petite avec la damoyselle (2) de ma femme avec le laquay, ils y coucheroient encore une nuict. Nous cherchons toute la journée et en vain. Il me vouloit mener coucher en son logis, ce que je reffusay pour ne me pouvoir separer de mes gentz, et puis de laisser une fille seule en un lieu tel qu'il me le dépaignoit, il ne me sembloit pas à propos et qu'il valloit mieuz y coucher tous. Nous y couchons donc et le lendemain dez le matin nous nous remettons en queste. Il

---

(1) Ce pasteur est probablement celui dont il est question dans l'article *Saumaise* de la *Bibliothèque des auteurs de Bourgogne*, (p. 251) : « Ayant été obligé de débarquer à la Brille, et de s'y arrêter quelques jours, il y fut consulté par un ministre de ce lieu, nommé Jean Cloppenburch, sur un ouvrage qu'il avoit composé contre l'usage des bureaux des Lombards, établis en Hollande, dans lesquels on tire des intérêts des prêts simples, qu'on y fait sur de bons gages. Saumaise ayant lu ces écrits, se trouva d'un avis différent de celui de l'auteur, et promit de lui envoyer ses raisons par écrit. Il le fit, en effet, par un livre imprimé en 1658, sous le titre *De usuris,* etc. »

(2) C'est-à-dire la suivante, la femme de chambre. Ce sens n'est pas indiqué dans nos dictionnaires, pas même dans celui de M. Littré.

debvoit prescher ceste matinée la, mais il pria son
collègue de faire la courvée pour luy. Et puis vous
direz que ces gens ne sont pas obligeantz !

Aprez avoir couru toute la journée, sur le soir
nous trouvasmes de bonne fortune une honneste
maison bourgeoise où nous avons demeuré prez de
trois sepmaines, avec aultant de desgoust et de
goust que les trois mois que j'ay passé à Dieppe.
Les glaces nous empescherent d'en sortir. Dez le
premier jour qu'on me dict que l'ouverture estoit
faicte et qu'il partoit un batteau pour Rotterdan, je
me mis dedans contre le conseil de mon ministre
qui jugeoit que je risquois trop de partir par le premier batteau et qu'il falloit voir rompre la glace,
deux ou trois jours premier que de s'y fier; que
pour luy il ne le feroit pas, et je le croiois bien, car
il estoit chez luy. Je me repentis pourtant de ne
l'avoir creu. A demye lieue de Rotterdan, nous
trouvasmes tant de glace que si le vent n'eust esté
extrêmement fort, aydé encore de la marée, nous
y feussions demeurez. Nostre vaisseau fut arresté
plus d'une demie heure sans pouvoir ny advancer
ny reculer. Ceux qui n'ayment pas la Hollande je
vous laisse à penser ce qu'ilz pouvoient dire alors
et de quelle façon je pouvois les consoler !

Nous voila enfin à Roterdan et de là à la Haye où
nous arrivasmes à huict heures du soir, au bout de
la ville, le logis où nous debvions aller estant à
l'autre (1) sans lumiere, sans personne qui nous peust

_____

(1) C'est-à-dire : *à l'autre bout.*

conduire. Ce n'a pas esté le moindre inconvénient où je me sois trouvé dans mon voyage. C'est pourquoy je vous le marque. Au bout de tout je suis venu icy malade et ay esté plus de dix jours sans pouvoir dormir, à cause d'une grande douleur aigüe que j'avois dans l'hypocondre droict, avec tumeur et tension. Pour m'en guérir bientost j'ay trouvé que nos professeurs avoient faict les diables contre moy pendant mon absence. Ilz se sont teuz long temps sur la créance qu'ilz avoient que je ne viendrois pas. Si tost qu'ilz sceurent que j'estois à Dieppe, à la premiere assemblée des curateurs, ilz deputèrent vers eulx pour avoir une coppie de l'acte de leur decret, ce qui leur fust reffusé lors, et furent differez à l'autre assemblée. Elle se tint il y a huict jours et n'ont mot dict. Ilz m'ont faict pourtant dire qu'ilz se pourvoiroient devant Mess" les Estatz. Ilz ont gaigné, à ce qu'on m'a dict, deux des curateurs. Tout cela ne m'importe pourveu que je me porte bien. Je ne pensois pas vous en tant dire quand j'ay commencé à vous escripre.

Pour les nouvelles du public, la Princesse (1) est accouchée d'une fille qui est grand rabat-joie pour ceste Cour (2). Son Altesse (3) est travaillée des

---

(1) Henri-Frédéric de Nassau, prince d'Orange, avait épousé Emilie de Solms, fille de Jean-Albert, comte de Solms-Brunsfeld, morte en 1675.

(2) La princesse de Nassau, qui donna un seul fils (Guillaume X) à son époux, ne lui donna pas moins de quatre filles.

(3) On rappelle dans le *Moréri* (au mot *Orange*) qu'en 1637, le cardinal de Richelieu traita d'Altesse Henri Frédéric de Nassau, et que l'exemple du grand ministre fut imité par tous les souverains de

gouttes. On se prepare pour ce printemps. Nous verrons ce qu'il produira. Je receuz hier les vostres du 6 janvier avec celles de M. de Peiresc. Je n'y pourray respondre qu'à la huictaine. Je baise humblement les mains à Mess^r^e voz freres et à Monsr l'Ambassadeur de Suède (1). Je luy escripray aussy à la première commodité. Je n'ay pas oublié ce que j'ay promis à M. des Cordes. Il l'auroit déjà eu sans mon indisposition. Je ne trouve ni l'opinion de Sirmond, ni celle d'Aurelius véritable (2). Vous verrez ce que j'en ay remarqué.

Je suis, Monsieur, vostre, etc.

A Leyden, ce 16 febvrier 1637 (3).

A Monsr Monsr du Puy, prieur de Saint-Sauveur.

XIX

Monsieur,

Les vostres dernieres avec celles du sieur du May me furent hier rendues. Je ne laissois pas de vous escrire par ce messager qui passe maintenant

l'Europe. Jusqu'en 1637, les princes d'Orange n'avaient reçu que le titre d'Excellence.

(1) L'illustre Grotius.

(2) Il a été déjà question (Lettre I à Peiresc, du 2 février 1620) de la querelle entre Saumaise et le P. Sirmond, au sujet des églises suburbicaires. Il s'agit ici de la querelle (1633) entre le savant jésuite et du Vergier de Hauranne, abbé de Saint-Cyran, caché sous le nom de Petrus Aurelius, au sujet du texte du second canon du premier concile d'Orange. Voir tous les renseignements bibliographiques désirables dans la *Bibliothèque des écrivains de la Compagnie de Jésus* (t. III, col. 805).

(3) *Ibid.*, f° 47.

par Anvers, le commerce des lettres ayant esté restably dez la semaine passée, ce qu'ilz ont plus facilement accordé quand ilz ont veu que par le dernier ordre qu'on y avoit mis nous pouvions avoir

France et y envoyer des nouvelles promptement et seurement sans leur moyen.

Pour le sieur dont est question je ne vous avois pas dict qu'il fust sage. Je ne suis donc pas garent de sa folie. Vous ne le congnoissez pas mieux que moy, mais vous le congnoissez aussy bien. Vous faittes tort à nostre Bourgongne et à nostre ville notamment de l'accuser d'avoir porté un tel homme. Il est vray qu'elle le porte maintenant et c'est en quoy je la trouve de pire condition que la Gascongne qui nous l'a envoyé (1); mais elle n'en a encores que trop gardé pour elle. Nous nous fussions pourtant bien passé que le nombre de nos fous en feust accreu. Si les baronnies se donnoient en France à ceux qui le seroient en plus haute game, vous estes asseuré que nostre homme seroit l'un des premiers barons de France sans qu'aulcun contendant luy osast disputer la preseance aux Estatz en ceste qualité. Pour l'affaire qu'il veult faire (2), je luy mande qu'il ne s'en inquiete plus l'esprit et qu'il dorme en repos de ce costé-la; que, quant à moy, j'y suis et ne peux souffrir qu'on m'envie le bonheur où je me trouve et la liberté

---

(1) Nous avons déjà vu (note 5 de la lettre VII à Peiresc) que le conseiller Paul Du May était natif de Toulouse. Ajoutons que si Du May naquit en Gascogne, sa famille était originaire de la ville de Beaune.

(2) L'affaire du retour de Saumaise en France.

dont je jouys à présent. Ce badin là m'importune
depuis un an avec son Monsieur le Prince. Son
dessein n'estoit que de m'arracher d'icy et puis me
dire : faictes vous catholique et je feray pour vous,
sans cela nous ne scaurions rien faire. Ilz ne tiennent rien.

Pour les nouvelles de nostre Academie, le livre
du sieur Des Cartes (1) est achevé d'imprimer, mais
il ne se debite point encores à cause du privilege
qu'on attend de France (2). Je ne vous diray rien
du personnage parce que je m'imagine que vous en
avez ouy parler. Il suit tout une aultre philosophie
que celle d'Aristote, principalement pour la phisi-
que. En la geometrie mesme il a toute une aultre
methode de l'enseigner. Il a tousjours esté en ceste
ville pendant l'impression de son libvre, mais il se
cache et ne se moustre que fort rarement et vit
tousjours en ce païs dans quelque petite ville à
l'escart et quelques-uns tiennent qu'il en a pris le
nom d'*Escartes*, car il s'est autresfois nommé aultrement (3). Il se dict estre gentilhomme de Poic-
tou (4). Il est catholique Romain et des plus zeléz.
Je l'ai veu et paroist fort honneste homme et de
bonne compagnie. Les sçavantz d'icy le tiennent
pour le nom pareil. Je vous envoyeray son escript

---

(1) René Descartes était alors âgé de quarante ans révolus.
(2) *Discours de la Méthode pour bien conduire sa raison et chercher la vérité dans les sciences*, etc. (Leyde, 1637, in-4°).
(3) Ai-je besoin de dire que c'est là une mauvaise plaisanterie et
que le grand philosophe ne s'est jamais appelé que *Descartes?*
(4) Descartes appartenait plutôt à la bourgeoisie qu'à la noblesse et
à la Touraine qu'au Poitou.

sitost qu'il sera en vente avec un autre intitulé :
Idea medicorum imprimé par les Elzevirs (1) et
composé par un medecin de Dordrect nommé Be-
vervic (2) qui est celluy qui a faict *de termino vitæ
fatali an mobili* (3). Si vous n'avez veu la derniere
édition de ce dernier, je vous l'envoyeray aussy.

Pour nostre court il ne se dict rien de nouveau si
non du procès que l'on faict à deux des Estatz, l'un
des principaux de la ville de Dordrect et l'autre
d'Amsterdam, qui ont demandé à l'empereur l'in-
vestiture du fief d'un isle qui se nomme Amland
qu'un gentilhomme possedoit de pere en filz depuis
cent ans et plus sans avoir voulu recongnoistre
l'Empereur ny mesme les Estats. Ceux-cy sachant
que c'estoit un fief de l'Empire se sont advisez de la
demander à l'Empereur et l'ont obtenue et en ont
faict la foy et l'hommage audict seigneur. Ilz sont
en prevention pour cela, comme criminelz de Leze
Majesté de la Republique et traistres à l'Estat, mais
je croy qu'on ne leur fera pas grand mal et que tout
s'en ira en fumée. L'un d'eulx, depuis la prevention, a esté faict consul de sa ville.

---

(1) Le véritable titre est celui-ci : *Idea medicinæ veterum* (*Lugd.
Batav. ex officina Elzeviriorum*, 1637, in-8°).

(2) Jean Van Beverwick, plus connu sous le nom de *Beverovicius*,
naquit à Dordrecht le 17 novembre 1594 et mourut dans la même
ville le 19 janvier 1647. Voir force détails sur lui dans le *Moréri*, où
l'on a reproduit son épitaphe composée par Daniel Heinsius.

(3) La première édition de l'*Epistolica Quæstio de vitæ termino* est
de 1634 (Dordrecht, in-8°). Celle dont Saumaise parle ici est la seconde (Leyde, 1636, in-4°). Il y en eut encore deux autres, une en
1639, la dernière en 1651. Beverovicius dédia, en 1641, à Saumaise
un livre intitulé : *Exercitatio in Hippocratis aphorismum de calculo*
(Leyde, in-12).

On ne se haste poinct icy de mettre en campagne. Aussy n'est-ce pas leur coustume de s'y mettre avant le mois de may. Je fis dernièrement ma court et euz l'honneur d'entretenir seul Son Altesse prez d'une heure entière qui ne m'entretint que de ma milice. Il presse fort de voir ce que j'en ay faict. Et moy je voudrois bien pouvoir voir les autheurs que Mons' de P[eiresc] m'a faict espérer. Je vous prie l'en faire ressouvenir dans les premiéres lettres que vous lui escriprez.

J'estois à La Haye pendant ces grandes desbaulches qui s'y sont faictes par trois des principaux qui traictoient M' de Bouillon (1). Le premier qui l'a festiné à la Françoise a esté un colonel anglois nommé Gorinx; le second, le sieur de Brederode, qui est des Estatz pour la noblesse de Hollande (2), et le troisiesme le Rhingrave parent de la princesse, qui a espousé la Tournebus. En ces trois festins il s'est faict des choses qui n'avoient jamais esté praticquées en ces quartiers parmy les plus grandes desbauches. Des lictz de damas et de velours de deux mille francz y ont esté hachez en pieces par galanterie et les pieces meslées avec les saulces des viandes et puis le tout foulé aux piedz. Les vaisselles de vermeil doré voloient à travers les

---

(1) Frédéric Maurice de La Tour, duc de Bouillon, prince de Sedan, fils du maréchal de Bouillon, naquit en 1605 et mourut en 1651.

(2) La famille de Brederode est une des plus célèbres familles de la Hollande. Tous les historiens en font une mention honorable, notamment le président De Thou.

vitres dans les rues. On y nageoit dans le vin jusques aux genoux. Les cris et les hurlementz s'entendoient d'un bout de la rue à l'autre, et pour comble on y a beu à la santé du diable. La princesse leur en a faict de grandes reprimendes et les ministres en ont clabaudé (1) dans leurs chaires. On a parlé mesmes de procedder contr'eulx criminellement, mais tout cela est à present appaisé.

Pour ma querelle avec les maistres ez artz je croy qu'à la fin ilz s'en saouleront ou s'en lasseront. Comme j'estois à La Haye, je rencontray par la rue celluy qui faict imprimer les Epistres de Casaubon qui est un Allemand fort docte (2) et de mes amis qui l'est aussy d'Heinsius. Le filz dudict Heinsius qui est desja en reputation (3) estoit avec luy que je ne congnoissois point et qui me congnoissoit Cet Allemand s'estant arresté quelque temps avec moy, je ne dis rien à l'autre ny luy à moy. Dez le lendemain, comme il fust retourné en ceste ville, il escrivit une lettre à ce jeune homme qui demeure à La Haye pour luy faire sçavoir que *detestatus esset verecundiam suam hesterna die qua tam bonam occasionem amisisset salutandi divini illius ac celestis viri Salmasii.* Il l'a prié de m'en faire ses

---

(1) L'expression est peu respectueuse pour les ministres, surtout si l'on pense au vers de La Fontaine :
Voilà maint basset *clabaudant.*

(2) *Isaaci Casauboni epistolæ* (La Haye, 1638, in-4°). Cette édition ut publiée par les soins de Jean-Frédéric Gronovius, né en 1611, à Hambourg, mort en 1671 à Leyde.

(3) Nicolas Heinsius n'avait pas encore dix-sept ans, mais déjà il était en correspondance avec des savants tels que Gronovius père et Grotius.

excuses et qu'il tasche de se mettre en mes bonnes
graces. Ce n'est pas trois jours aprez. Il luy escrit
encore une autre lettre où il le remercia du bon
office qu'il luy a fait de me communiquer sa lettre
et me faire ses recommandations. En voicy les propres termes : *Vide quam impudens sim qui petere
ausus a te, ut me magno illo Salmasio commen-
dares hominem nihili. Sed hoc amori erga litteras
meo imputabis. Ipse enim licet nihil ad hanc rem
aut eruditione aut ingenio conferre possim. Affec-
tu tamen, quod licet prosequor eos, qui principatum
in his sacris tenent, inter quos qui Salmasium vel
primarium esse negant illi plane asini et stipites
sunt.* Il ne vous sera pas mal aysé de recongnoistre
que cela sent fort le stile du père, et que pour le
moins ceste lettre n'a point esté escripte par le filz
que le père ne l'ait veue. N'admirez-vous pas la
bassesse et la lascheté de ces courages là? Aprez
des insultations si insolentes, venir à des submis-
sions si abjectes! Cela me put si fort que j'en ay
honte pour eulx. Pour leur humeur qu'ilz la gar-
dent tant qu'il leur plaira! Son Nouveau-Testament
s'advance fort. Les Elzevirs imprimeront les
Observationes Sacræ de ce ministre que vous avez
veu nommé de Croii (1) que j'ay apportées icy avec
moy. Vous vous estonnerez quand vous verrez de

(1).Jean de Croi, en latin *Croius*, a été, dit Bayle (*Dictionnaire
critique*), « un des plus savants ministres de France au XVIIe siècle. »
Il était natif d'Uzès; il mourut le 31 août 1659. Les *Observationes Sacræ*
dont parle Saumaise ne furent pas imprimées par les Elzevier, car
M. Willems ne les mentionne pas dans sa complète monographie
déjà citée. Voir sur ces *Observations* la remarque C de l'article de
Bayle.

ceste mesme boutieque un traicté des usures soubz mon nom (1). Les autres en ont la praticque ; je n'en ay que la theorie (2). Voicy la response à trois des vostres. Ce n'est pas merveille si elle est longue. C'est au bout, Monsieur, vostre, etc.

A Leyde, ce 4 avril 1637 (3).

A Monsr Monsr du Puy, prieur de Saint-Sauveur, à Paris.

XX

Monsieur,

Je ne scay si vous aurez receu mes dernieres lettres, que j'ay osé fier par la voye nouvellement restablie d'Anvers. J'ay esté plus hardy que beaucoup d'autres qui n'ont pas voulu hazarder leur pacquet, mais moy j'ay creu que les commencements seroient plus seurs. Ilz voudront affermir leur creance avant que de faire un bon coup à surprendre les lettres d'importance.

Nos nouvelles d'icy ne sont pas tant bonnes. Nos superieurs sont en bredouille et ne peuvent trouver d'issue à leurs conseilz pour restablir la marine qui s'en va perdue. Mercredy dernier, le convoy qui partoit de Rotterdan pour la France escorté de trois navires de guerre estant party sur les six heures du

---

(1) *De usuris liber, Claudio Salmasio auctore* (Leyde, 1638, in-8º).
(2) Il faut saluer ce mot comme un des plus piquants et des plus spirituels qui aient jamais été dits.
(3) *Ibid.*, f° 43.

matin, environ les onze fut rencontré et attaqué par
dix-sept vaisseaux de Donquerque. L'un des trois
vaisseaux de guerre prit la fuitte à l'abbord. Les
deux autres se deffendirent quelque temps assez
bien, mais enfin voyant qu'ils ne pouvoient rien
faire, se retirèrent aussy et laissèrent à la mercy
du milan les pouletz qu'ilz conduisoient. Ils n'eu-
rent qu'à choisir les meilleurs et en emmenèrent
sept tout d'un coup, dont il y en avoit deux pour le
Havre chargez de bonnes marchandises jusques à
la valeur de cinquante mil livres chascun. Les
autres estoient des hems (1) chargez de chevaux
pour Dieppe. Ma femme n'y a perdu qu'une cin-
quantaine d'escus qu'elle envoyoit à Rouen pour luy
achepter une tapisserie, dont elle n'est pas trop
contente. La guerre ne se remue point encore icy.
Je croy qu'ilz attendront de voir quelle sera nostre
desmarche en France.

Les Elzevirs envoyent une balle de livres en France
la sepmaine prochaine. Je vous envoyeray ce qu'il y a
icy de nouveau qui n'est pas grand'chose. Si le livre
du sieur d'Escartes se vendoit, je vous en envoye-
rois un. Il attend le privilège qui n'est pas encore
venu. Le livre de Pontanus (2) contre le *Mare
clausum* de Seldenus (3) est imprimé à Hardervic.

---

(1) Mot que je reproduis tel qu'il est écrit, mais qui a sans doute
été mal écrit. Ce doit être le nom de quelque bateau plat, tel que le
bateau que nous nommons *chaland*.

(2) Jean-Isaac Pontanus naquit en 1571 à Elseneur et mourut en 1670
à Harderwyck, ville où il était professeur de physique et de mathématiques. L'ouvrage dont parle Saumaise est intitulé : *Discussionum
historicarum libri duo* (Harderwick, 1637, in-8°).

(3) Le *Mare clausum* de Jean Selden, réfutation du *Mare liberum*
de Grotius, parut à Londres en 1636.

Les Notes d'Heinsius s'advancent fort. [Son travail] sur le Saint-Mathieu est desja achevé. Je ne sçay plus rien et suis, Monsieur, vostre, etc.

A Leyden, ce 19 avril 1637 (1).

A Monsr Monsr du Puy, prieur de Saint-Sauveur, à Paris.

XXI

Monsieur,

Je ne sçay pas que sont devenues toutes mes lettres, si elles ne vous ont point esté rendues et si vous les avez receues, je ne sçay que sont devenues les vostres, car je ne puis croire aultrement que vous n'ayiez faict responce à toutes celles que je vous ay escriptes. Depuis que les lettres passent par Anvers je n'ay pas manqué un ordinaire sans vous faire sçavoir de mes nouvelles et, selon ma coustume, assez amplement. Je ne laisseray pas encore passer cestuy-cy sans vous donner advis du grand exploit d'armes que nous avons failly à faire. Il y eust aujourd'huy huict jours que Mr de Haulterive receut un courrier de Son Altesse sur les huit heures du soir pour partir incontinent avec le moins de gentz et le moins de bagage qu'il pourroit et de se trouver à un rendez-vous qu'il luy assignoit prez de Rotterdan sur la minuit où il se trouveroit aussy. M. de Charnassé en qualité de

(1) *Ibid.*, fo 49.

colonel y debvoit estre. Monsieur de Bouillon y estoit et tous nos François. Depuis ce temps-là nous avons vescu en grande impatience tout le reste de la sepmaine jusques à vendredy dernier pour sçavoir ce qu'esclorroit ce despart si soudain du prince et ceste grande entreprise et si secrette. Enfin, aprez la faillite, nous avons sceu le dessein qui estoit une entreprise sur la ville d'Hults, dont les autheurs et conducteurs estoient le sieur Crine et un autre gouverneur de place. Comme ilz descendirent dans la maison d'un paisan assez prez de la ville, le paysan se desroba par derriere et alla donner l'allarme à la ville. Cependant il y eust different entre les soldatz qui avoient esté choisis pour exequuter l'entreprise et les mariniers à qui dresseroit le pont qui se debvoit jetter sur la muraille. Il fut dict que les mariniers le feroient. Au poinct de l'execution et sur les approches on ouït du bruict dans la ville et qu'on crioit aux armes sur l'advis qui avoit esté ja donné par ce paisan. Les batteliers là dessus voulurent s'excuser de la charge qu'on leur avoit baillée et que c'estoit aux soldatz de le faire. Ceux-cy n'en voulurent pas manger et avec raison, puisqu'on leur bailloit l'endosse lorsqu'on y voyoit du peril. Ainsy tout s'en est allé en fumée.

Si j'avois veu Mr de Haulterive je vous en dirois plus de particularitez. Il ne sera qu'à ce soir en ceste ville. Le prince retourne aussy à La Haye en mesme temps. Ce que je vous en escriptz sont bruictz de ville. S'il me fault corriger mon playdoyer, ce sera pour le prochain ordinaire. Je vous diray encores des nouvelles que je viens d'apprendre. Le filz de Janssonius d'Amsterdam, fameux libraire (1), qui estoit allé à Francfort à la foire, a esté tué et mangé par les païsans (2) non loing de la dicte ville qui n'ont poinct d'autre chasse à present que se tenir derriere les buissons et espier les passants pour les tuer et assouvir leur faim, principalement ceux qu'ilz voyent un peu grassetz, comme estoit ce pauvre Jansson, qui avoit levé depuis peu huict nouvelles presses à Amsterdam. Ilz sont en peine de trois ou quatre autres de ceste ville qui sont d'aussy bonne mangeaille. C'est une chose horrible de la famine qui est en ce païs là. Ilz les devorent tous sanglantz. Les cannibales n'en feirent jamais tant. Je crains fort que nostre pauvre Bourgongne ne vienne à la fin à ceste extremité. La peste et la famine y jouent leur rolle dans les autres desordres. Vous en scavez plus que moy parce que vous en estes plus prez. Je vous prie faire tenir ma lettre à M. de Peiresc par le premier ordinaire. Je suis attendant de vos nouvelles, Monsieur, vostre, etc.

A Leyden, ce 3 mai 1637.

---

(1) Guillaume Blaeu ou Jansson mourut, à l'âge de soixante-sept ans, le 21 octobre 1638. Le *Moréri* dit bien pompeusement, sous le mot *Blaeu* : « Ses ouvrages géographiques et ses impressions rendront sa mémoire éternelle. »

(2) Guillaume Jansson eut deux fils, Jean et Cornelis. Ce fut ce dernier qui fut victime des anthropophages des environs de Francfort. Nos recueils biographiques n'indiquent pas l'horrible mort de Cornelis Jansson. Ils se contentent de nous apprendre qu'il mourut très jeune et que sa mort précoce a été déplorée par G.-J. Vossius dans le *De Scientiis mathematicis*.

Vous aurez sceu l'horrible tragedie de Liege et les particularitez.

A Mons' Mons' du Puy, prieur de Saint-Sauveur, à Paris.

[Post-Scriptum :]

Monsieur,

Je vous prie de me deculper (1) d'une imposture que l'on m'impose. Il y a près de deux ans que je dis en ceste ville d'avoir veu le Porphyre *De vita Pythagoræ* imprimé à Rome avec les notes d'Holstenius imparfaictes (2). Nostre Elichman donna charge au neveu des Elzevirs allant en Italie de luy en rapporter un exemplaire, quelques autres aussy. Au lieu du livre il leur a rapporté qu'Holstenius n'avoit rien fait imprimer depuis qu'il est à Rome. M. Diodati a escript le mesme là dessus et suis un hableur. Elichman qui m'est amy et parle plus modestement dict que je me suis trompé et que je crois avoir veu ce que je n'ay point veu. Il en a extrèmement affaire par ce qu'il a une version arabe de cet Autheur ou qui a pris la plus grande partie du Porphyre et le veut faire imprimer ayant travaillé dessus il y a longtemps. Je vous supplie me faire ce bien que de m'envoyer

_____

(1) Est-ce Saumaise qui a écrit *deculper?* Est-ce seulement son copiste? *Deculper* ne se trouve nulle autre part.

(2) *Porphyrius de vita Pithagoræ; ejusdem sententiæ ad intelligibilia ducentes; de antro nympharum. Luc. Holstenius lat. vertit, dissertationem de vita et scriptis Porphyrii et ad vitam Pithagoræ observationes adjecit* (Romæ, typis Vaticanis, 1630, in-8°).

vostre exemplaire que j'ay veu ou celluy de M^r de
Thou, et plustost par l'ordinaire. Le dict Elichman
ne s'en soucie pas (1) de payer le port quelque gros
qu'il soit. Nous vous le renvoyerons seurement et
à loysir. J'ay aussy interest qu'on sache que je ne
suis point ny menteur ny fourbe (2).

---

(1) C'est-à-dire : ne s'inquiète pas de payer le port.
(2) *Ibid.*, f° 44 v°.

APPENDICE N° II

LETTRE DE M. LÉOPOLD DELISLE

à l'Editeur des lettres de Saumaise.

Cher confrère,

Pour répondre à vos aimables instances, je me proposais de vous adresser une note digne de votre édition des lettres de Saumaise, dans laquelle, à propos du passage relatif aux papyrus, j'aurais coordonné un certain nombre de renseignements sur l'histoire des papyrus latins que les amateurs d'antiquités rapportèrent ou firent venir d'Italie en France dans la première moitié du xvi° siècle. En vous promettant cette note, j'avais trop présumé de mes forces et j'avais contracté un engagement téméraire qu'un enchaînement de circonstances imprévues m'empêche de tenir convenablement. A défaut du travail auquel vous aviez droit, permettez-moi de vous communiquer simplement quelques indications dont vous pourrez vous servir pour rédiger une de ces notes comme vous en semez à profusion dans vos érudites publications (1).

Les archives de l'église de Ravenne renfermaien un grand nombre d'actes d'une haute antiquitét écrits sur papyrus, en caractères cursifs assez dif-

---

(1) J'ai pensé que tout le monde aimerait mieux lire la lettre même du trop modeste grand savant (Tamizey de Larroque).

ficiles à déchiffrer. Quand les Français occupèrent
Ravenne à la fin du règne de Louis XII, il se trouva
des curieux qui voulurent posséder quelques échan-
tillons de ces documents, auxquels on attachait
d'autant plus d'importance qu'on en ignorait le
contenu. Ainsi s'explique la présence de papyrus
latins dans plusieurs cabinets du xvi⁽ᵉ⁾ siècle. Il y
en avait un chez Florimond Robertet, mort en 1532,
et la veuve de ce seigneur le mentionne en ces termes, dans l'inventaire qu'elle dressa du mobilier
laissé par son mari : « Une boeste d'argent assez
longue, dans laquelle il y a un roulleau d'escorce
d'arbre, où sont les lois de l'empereur Justinian,
que mon mary estimoit beaucoup, quoyqu'il les
sceust dès sa jeunesse. » (Mém. de la Soc. des Antiquaires de France, 3ᵉ série, t. X, p. 24.)

Il ne serait pas impossible que le rouleau mentionné vers l'année 1532 dans l'inventaire de la
succession de Florimond Robertet fût celui qui se
trouva dans la bibliothèque du roi à Fontainebleau
au commencement du règne de Charles IX, et dont
parle Cujas dans une lettre que nous avons en
original (ms. français 2812, fol. 16) et dont la copie
est ci-jointe (1). Cujas s'offre pour déchiffrer le pa-

---

(1) A. Monseigneur, Monseigneur du Rondeau, conseiller du roy
et maistre de sa librairie, à Orléans.
    Monseigneur,
Il y a assez longtemps que j'ay faict des deux Harmenopules, qu'il
vous a pleu me bailler de la librairie du Roy. Et ce que je vous de-
manday dernierement, *mihi diem proferri*, c'estoit principalement
parce qu'ung de noz collègues désiroit aussy les voir, qui a trop miz
de temps à ce faire. *Qua ex re ego ipse incidi in culpam adversus te,*
laquelle je vous supplie excuser, vous asseurant que e bien qu'en

pyrus, qu'on n'avait pas encore lu. Il paraît qu'il
accomplit cette besogne, car il cite très exactement
le rouleau dans une de ses observations imprimées :
« Vetus instrumentum apochæ sive plenariæ securitatis quod ligni membrana scriptum extat in
bibliotheca regis. » (Cujas, Observat., l. IX,
c. XXVI, dans le tome V, p. 207, de l'édition des
Œuvres. Paris, 1577, in-fol.) Quoique Cujas eût
parfaitement défini la nature du papyrus de Fontainebleau, une légende qui obtint beaucoup de cré-
dit, et qui subsistait encore à la fin du XVIIe siècle,
en faisait le testament original de Jules César. Cette

---

cela j'ay receu et recevray de vous, m'a si estroitement adstrainct à
vous, qu'il ne sera jamais que je ne me monstre ung de [vos] plus
seurs et fideles serviteurs. J'ay adressé les livres à Mr Foquelin, pour
vous les bailler, desquels je vous remercie tres humblement.

Il y a en la librairie du Roy ung roulleau qu'on ne sçait lire, d'escriture ancienne, en escorce d'arbre, comme l'on pense. Il y en a ung
semblable en la librairie de la Royne, que j'ay déchiffré, et n'est autre
schose qu'une donation *per stipulationem* faicte par une femme nommée Hildavara à l'évesque de Ravenne. S'il vous plaisoit que j'en lisse
autant de celluy du Roy, je le fairote de bien bon cueur, et pense que
dans troys ou quatre jours, j'en viendroye à bout. Et a tant, Monseigneur, je me recommanderay tres humblement à vostre bonne grâce,
et prieray Dieu de vous donner voz désirs.

De Bourges, ce 6 de janvier.

Vostre tres humble serviteur,
Jac. CUIAS.

(Au dos de la lettre est ce reçu :)

J'ay receu les deux livres conteuuz à l'autre part, contenant les
œuvres de Const. Harmenopules sur le droict civil des Romains,
escript en grec à la main, en deux volumes, dont l'ung est en grand
volume, couvert de maroquin rouge avec les devises du feu roi
Henry et l'aultre en moienne marge, en maroquin bleu, avec les devises du feu roy François Ier, lesquelz je promets rendre à Mons. Du
Roudeau, conseiller du roy et maistre de sa librairie à Fontainebleau, quand bon luy semblera. Faict à Orléans ce dixiesme janvier 1561.

G. FONNIER.

fabuleuse attribution paraît avoir été imaginée par
Pierre Hamon, maître d'écriture de Charles IX,
pendu comme faussaire en 1569, et Mabillon lui-
même en fut la dupe pendant quelque temps.
Voyez le *De re diplomatica*, p. 344. — Malgré
la légende, les érudits mettaient à profit pour
l'étude du droit romain le fameux papyrus qu'on
faisait passer pour le testament de Jules César, et
dans lequel Robertet se flattait peut-être de posséder un morceau original de l'œuvre de Justinien.
Gosselin, le garde de la librairie du roi, en fournit
une bonne copie à Brisson, qui en inséra le texte
en 1583 dans le livre VI de son ouvrage *De formulis* (éd. de 1592, p. 581). — Plus tard, les frères
Dupuy en firent une autre copie, qui fut publiée à
Rome en 1644 par Gabriel Naudé, dans la brochure
intitulée : *Instrumentum plenariæ securitatis...
nunc primum e bibliotheca eminentissimi cardinalis
a Balneo prolatum.* Romæ, 1644. In-4°. — Je ne
poursuivrai pas plus loin l'indication des travaux
auxquels a donné lieu la *Charta plenariæ securitatis*, laquelle porte aujourd'hui à la Bibl. Nat. le
n° 4568 A, et figure honorablement dans une de nos
galeries d'exposition.

Cujas parle, dans sa lettre, d'un autre papyrus
qu'il avait déchiffré et dans lequel il avait reconnu
une donation faite à l'évêque de Ravenne par une
dame nommée Hildavara. C'est l'acte que Brisson
a inséré dans le livre VI de son ouvrage *De formulis*
(éd. de 1592, p. 158), sans dire dans quel dépôt il
l'avait trouvé. Cujas, en nous apprenant que la
charte de Hildavara était « dans la librairie de la

royne », c'est-à-dire dans la bibliothèque de Catherine de Médicis, nous a rendu un véritable service.
Sans cette indication, nous serions fort embarrassés
pour suivre les vicissitudes de ce document, qui a
disparu depuis longtemps. Je n'en trouve plus trace
après la fin du XVIe siècle, et je crois bien qu'il a
péri dans les vicissitudes auxquelles les collections
bibliographiques de Catherine de Médicis furent
exposées après la mort de cette princesse. C'est
par suite d'une méprise qu'on a dit et répété qu'il
se conservait à la bibliothèque du roi. Aucun de
nos inventaires n'en fait mention, et l'on comprend
aisément qu'une pièce citée comme étant chez la
reine (apud reginam, ou in reginæ bibliotheca) ait
été signalée comme faisant partie de la bibliothèque
du roi (regia bibliotheca). Cette erreur s'est probablement répandue par suite d'une méprise de Spon,
qui a publié la charte en 1685 dans les *Miscellanea
erudita antiquitatis*) : « Testamentum antiquum
christianæ feminæ tertio sæculo in cortice exaratum
Ravennæ et in regiam Galliæ bibliothecam transla-
tum. » Spon avait trouvé la copie qu'il a fait imprimer dans les papiers de Peiresc : ex schedis Pei-
reskii. C'est à vous que reviendra l'honneur de
retrouver la note de l'illustre savant dont la vie
vous appartient tout entière. La précision et l'exac-
titude des moindres notes de Peiresc sont telles que
son témoignage serait décisif pour savoir s'il a vu
lui-même la charte dont il s'agit, ou bien s'il n'en
a eu connaissance, comme je le suppose, que
d'après le témoignage d'un correspondant. — Dans
tous les cas, nous avons perdu la trace du papyrus,

et c'est sans fondement, je crois, que Marini (I papiri diplomatici, p. 132, n. LXXXV) le cite comme conservé : « In Parigi una volta nella biblioteca regia. »

Voilà, cher confrère et ami, l'ébauche d'une note à rédiger sur les papyrus auxquels Saumaise faisait allusion et qui tiennent une petite place dans l'histoire de l'érudition française. Je vous renouvelle mes regrets de ne pouvoir pas vous en parler avec plus de soin et de rigueur. J'aurais voulu vous fournir un commentaire complet sur le passage de Saumaise que vous avez bien voulu me communiquer et en même temps sur la lettre de Cujas que je vous envoie pour obtenir de vous un pardon que je n'espèrerais pas obtenir si votre indulgence n'égalait pas votre science.

Avec mes excuses, veuillez agréer, cher confrère et ami, l'assurance réitérée de mon affectueux dévouement.

L. DELISLE.

Paris, le 28 juillet 1881.

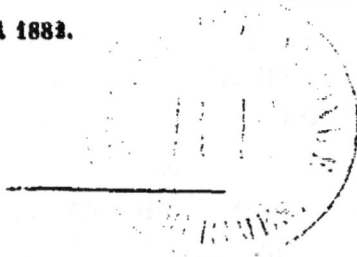

www.ingramcontent.com/pod-product-compliance
Lightning Source LLC
Chambersburg PA
CBHW072027080426
42733CB00010B/1824